À esquerda do direito
em fragmentos

À esquerda do direito
em fragmentos

José Rodrigo Rodriguez

Copyright © 2014 José Rodrigo Rodriguez

Grafia atualizada segundo o Acordo Ortográfico da Língua Portuguesa de 1990, que entrou em vigor no Brasil em 2009.

Publishers: Joana Monteleone / Haroldo Ceravolo Sereza / Roberto Cosso
Edição: Joana Monteleone
Editor assistente: Vitor Rodrigo Donofrio Arruda
Projeto gráfico e diagramação: Juliana Pellegrini
Revisão: João Paulo Putini
Capa: Pedro Antunes

Imagem da Capa: Foto de Nick por Diogo Antonio Rodriguez.

CIP-BRASIL. CATALOGAÇÃO NA PUBLICAÇÃO
SINDICATO NACIONAL DOS EDITORES DE LIVROS, RJ

R618e

Rodriguez, José Rodrigo
À ESQUERDA DO DIREITO: EM FRAGMENTOS
José Rodrigo Rodriguez. - [1. ed.]
São Paulo : Alameda, 2014
160 p.

Inclui bibliografia
ISBN 978-85-7939-152-1

1. Direito - Aspectos sociais 2. Direita e esquerda (Ciência política). I. Título.

12-5471 CDU: 32

ALAMEDA CASA EDITORIAL
Rua Conselheiro Ramalho, 694 – Bela Vista
CEP: 01325-000 – São Paulo – SP
Tel.: (11) 3012 2400
www.alamedaeditorial.com.br

Sumário

Aviso prévio 11

Parte 1: À esquerda do direito 15

Levantados do chão 17

Toda emancipação será poética 23

Lembrete 25

A Esquerda e as Instituições 27

À Margem da Teoria Crítica: Franz Neumann 29

À esquerda do direito 33

Amar não é Direito? Luis Alberto Warat. 37

O Sentido Político dos Hippies e o Anarquismo como Crítica Social 41

Parte 2: A Cocaína da Socialização 45

Cultura de massa, socialismo e vulgaridade 47

Hiperpaulistanos 49

Fernando Pessoa e o conformismo 51

Habermas pode conversar com os animais? 53

A moda como opressão de classe 55

Sexo socialista 57

Deus existe? 59

Viadinho, viadinho 61

O crime é a cocaína da socialização 63

O novo cinema brasileiro 65

A cicatriz aberta da opressão de gênero 67

Avalone, Kant e Ronaldo, o fenômeno 69

Ren & Stimpy 71

Lágrimas programadas 73

Olhar de salário mínimo 75

Um Papa para a arte contemporânea 77

Antes da palavra 79

O presente da poesia 81

Todo literato é um morto-vivo 83

Irresponsável público 85

A atualidade da poesia lírica 87

Parte 3: Fora da Lei 91

Prefácio 93

Direito e fogo 93

Burocratas e contadores 94

Os gênios 95

Seguir a lei 95

Contra a lei 95

Fora de si 95

O professor 95

Alia 96

O artista 96

Alegria	96
Radicais	96
Reis filósofos	96
O outro	96
Utopia	97
A morte da política	97
Algumas verdades precisam ser ditas	97
Dizer a lei	97
Deliberação	97
O alienista	98
Diante da lei	98
Defesa do lobo contra o cordeiro	98
O bebê tirano	98
Cães	99
O líder	99
Visionários	99
A vida ensina	100
Comunidade	100
Escolha racional	100
Aplicação das leis	100
Parte 4: Psiquismo e Revolução: Erich Fromm	101
Arqueologia de uma biblioteca	103
Religião e luta de classes	105

Psiquismo e revolução: 109
a situação da classe operária alemã

Estudos sobre autoridade e família 113

Medo à liberdade 117

Parte 5: Direito, figura do ódio 121

Jurisprudenz 123

A inversão do mito grego 129

Direito racional e irracional 133

Parte 6: Vovó Maria: os ardis 139
e as delícias do sentido

A família sob o capitalismo 141

A santa? 145

Maria, Maria? 149

Os ardis do sentido 151

Luta pela imaginação 155

Porque o que sucede aos filhos dos homens, isso mesmo também sucede aos animais, e lhes sucede a mesma coisa; como morre um, assim morre o outro; e todos têm o mesmo fôlego, e a vantagem dos homens sobre os animais não é nenhuma, porque todos são vaidade.

Eclesiastes 3:19

Mas já são muitas ideias, são ideias demais; em todo o caso são ideias de cachorro, poeira de ideias, menos ainda que poeira, explicará o leitor. Mas a verdade é que este olho que se abre de quando em quando para fixar o espaço, tão expressivamente, parece traduzir alguma coisa, que brilha lá dentro, lá muito fundo de outra coisa que não sei como diga, para exprimir uma parte canina, que não é a cauda nem as orelhas. Pobre linguagem humana!

Machado de Assis, *Quincas Borba*

Uma mulher e um homem. Eu vejo o saiote dela. Arregaçado, eu aposto.
O cachorro deles marchava em volta de um banco reduzido de areia, trotando, farejando por todos os lados. Procurando alguma coisa perdida em tempos idos.

James Joyce, *Ulysses*

Horkheimer: A felicidade seria uma condição animal vista da perspectiva de tudo aquilo que deixou de ser animal.
Adorno: Os animais poderiam nos ensinar o que é a felicidade.

Horkheimer: Atingir a condição de um animal no nível da reflexão – isto é liberdade. Liberdade significa não ter que trabalhar.

Theodor Adorno & Max Horkheimer,
Para um Novo Manifesto

Aviso prévio

Os textos reunidos neste livro retomam e aprofundam argumentos, questões e imagens que discuti e apresentei em meus livros *Fuga do Direito* (Saraiva, 2009) e *Meus Seios* (Nankin, 2005), especialmente as partes "À esquerda do direito" e "Fora da lei". Em "A Cocaína da Socialização" trato de temas variados.

Minha tentativa é integrar reflexões sobre direito, arte e teoria crítica em fragmentos escritos sem compromisso com a disciplina acadêmica ou com a exposição didática. O objetivo final é levar o pensamento para além dos lugares comuns e assumir o ponto de vista daquilo que está excluído das normas. Trata-se de dar nome ao que está à margem para despertar a reflexão sobre a possibilidade de incluí-lo e figurá-lo em uma nova gramática normativa. Fazer a política do informe.

Daí a busca por uma escrita diversa, nem dissertação, nem verso, nem ensaio ou todos ao mesmo tempo. Chamo o que fiz de "fragmentos", mas talvez pudesse dizer "devaneios" ou "divagações" sobre essa tentativa de pensar ao vivo sobre alguns temas a partir da lei e fora da lei, em busca de transformar sua forma.

Pois o trabalho de propor novas normas, novas instituições, a parte positiva desta ideia de direito, não será desenvolvida aqui. Dedico estas linhas à tarefa meramente negativa de desestabilizar uma série de ideias feitas sobre o direito e sobre os juristas.

As normas são produto da imaginação humana que está encarnada em um contexto de conflito social. Por isso mesmo, é preciso enriquecê-las das perspectivas mais variadas para que a criação normativa e o pensamento sobre o direito não se limitem a reproduzir o passado e se tornem incapazes de ouvir e dar forma aos novos conflitos.

A produção normativa deve se alimentar da injustiça que se faz a tudo o que está vivo e da violência que se já foi dirigida um dia a tudo o que já está morto. Qualquer simplificação excessiva das normas, qualquer tentativa de cristalizar seu conteúdo e sua forma pode transformar o direito em uma máquina de reproduzir danos, em um mecanismo de reciclar cadáveres.

O direito deve ser redentor e imanente. Deve ser capaz de ouvir e levar em conta os conflitos da sociedade atual, sem esquecer as injustiças passadas, caminhando na direção da transformação permanente. Este olhar para o que já passou permite desconfiar que por trás do silêncio que parece vir a sociedade, diante da impressão de que nada de novo estaria acontecendo, pode estar a incapacidade das instituições de darem voz ao sofrimento humano realmente existente. A crítica feita a partir deste ponto de vista pode nos ajudar a perceber que este silêncio, na verdade, nasce das entranhas do aparelho político e jurídico e toma conta de tudo que se aproximar dele.

Pois há sempre uma parcela de desigualdade, de sofrimento que fica fora do desenho institucional e procura forçar sua entrada por intermédio dos canais institucionais, pela desobediência civil ou mesmo por meios violentos. E quanto mais cristalizadas forem as instituições, quanto menos elas forem capazes de ouvir o sofrimento social, maior a possibilidade de que a violência tome conta da sociedade com o fim de romper o tecido institucional.

Um pensamento institucional crítica e radicalmente democrático precisa ver as instituições por dentro, a partir da sua racionalidade atual, e precisa olhar para elas de fora para descobrir seus limites e refletir sobre novas possibilidades, novos desenhos institucionais capazes de dar conta do que hoje está excluído.

Nem sempre o desfecho dessa dinâmica será pacífico, como a história tem demonstrado. Por exemplo, foi preciso correr muito sangue nas ruas para que os diversos mecanismos de proteção social fossem criados e novos desenhos institucionais promovessem a mudança do estado mínimo para um estado social. E isso envolveu mudanças decisivas na própria concepção do direito, das suas formas institucionais, da definição social do que sejam as normas e o "jurídico".

Seja como for, nesse campo, o da imaginação institucional, está sendo decidido o destino de nossa democracia. O pior que se pode fazer para bloquear a discussão desse destino é impor de antemão que configurações o direito deve ter. O trabalho de um jurista crítico é manter as instituições abertas e em estado de tensão permanente. Pensar o direito criticamente é pensar sua transformação.

Parte 1

À esquerda do direito

Levantados do chão

Ter o direito como objeto significa lidar com a sociedade no momento em que as coisas já não andam bem. Tradicionalmente, o papel do jurista é atuar diante de um conflito de interesses que não se resolveu por outros meios e, por isso mesmo, teve que ser levado às instituições formais na expectativa de se obter uma solução.

O papel do jurista passa a ser refletir sobre o enquadramento jurídico da demanda, sobre as estratégias que cada interessado deve utilizar para sair vitorioso da disputa ou sobre as alternativas para se chegar a um eventual acordo.

Por isso mesmo, estudar e atuar com o direito não é tarefa fácil. Muito cedo, um estudante que esteja engajado em qualquer campo do saber e da prática terá contato sistematicamente com aspectos da realidade dos quais uma pessoa comum foge como o Diabo foge da Cruz.

É uma pena que as Faculdades de Direito ainda não tenham incorporado esta dificuldade na preparação de seus alunos e deixem de trabalhá-la. Afinal, a tarefa de um jurista é lidar com a humanidade no momento em que as regras de socialização falham e o tecido social ameaça se esgarçar. O ser humano no que ele tem de pior.

Se um médico precisa aprender a enfrentar o sofrimento e a morte, um jurista tem que aprender a encarar o egoísmo, a falta de amor, a ganância e tantas outras qualidades que também caracterizam os seres humanos.

O mundo do direito não é feito de rosas. É muito difícil (mas possível) permanecer nele e manter ilusões sobre a bondade humana, sobre a generosidade dos homens e mulheres, sobre a possibilidade de vivermos em paz.

Pais e mães de família, carinhosos, trabalhadores e honestos, voltam-se contra supostos infratores com a fúria de assassinos frios e calculistas, entidades de benemerência pagam salários de fome a seus empregados e resistem a qualquer tentativa de se fazer justiça, lideranças da sociedade civil espancam suas mulheres e se apropriam do dinheiro destinado a levar adiante suas causas.

Nada disso é bonito de se ver. E eu já vi de perto todas essas coisas, algumas delas com menos de 20 anos de idade.

Uma dose excessiva desta realidade pode matar uma pessoa medianamente sensível. Entristecendo-a aos poucos, fazendo com que ela se deprima e não espere mais nada de bom do mundo à sua volta.

E isso não é incomum. Todos nós conhecemos juristas cínicos para quem, aparentemente, nada tem importância, nenhuma vileza ou agressão causa surpresa. É justamente aí, por trás dessa fachada de indiferença, que pode estar o sofrimento de alguém que ganha sua vida lidando com a parte mais cinza do mundo e anseia, por vezes desesperadamente, encontrar um indício de bondade humana.

Mas esta esperança pode ser em vão. Afinal, o agravamento da incapacidade de sentir empatia pode levar à perda da habilidade de reconhecer a parte luminosa da realidade, que nunca aparece em seu estado puro, está sempre combinada com qualidades menos nobres.

Se todos os seres humanos forem vistos como iguais em sua miséria moral inescapável, se o mundo for encarado com lentes hobbesianas, torna-se uma questão de tempo para que cada um revele sua natureza maligna, a sua "verdadeira" natureza.

Como evitar que os juristas se tornem tão pessimistas? Como fazer alguém cujo trabalho é lidar com esta parte da realidade perceber que as pessoas são mesmo contraditórias, que são capazes das maiores vilezas, mas também das maiores nobrezas? Às vezes, exatamente as mesmas pessoas.

Mas há um perigo adicional. O direito, fácil perceber, é muito atrativo para qualquer interessado em exercitar a maldade licitamente. Não existe espaço mais adequado para dar vazão à agressividade, à vontade de destruir, utilizando-se de meios (supostamente) legítimos para este fim.

Há muitas maneiras de se propor uma demanda, há muitas formas de reivindicar ou efetivar um direito. Algumas delas podem acabar com a vida de uma pessoa, com a reputação de uma empresa. Basta pensar nos efeitos de uma falsa acusação de abuso de menores no contexto de uma causa de direito de família, de uma falsa acusação de corrupção, de práticas danosas ao meio ambiente. Basta pensar na sanha por vingança que exige penas cada vez mais elevadas, punições cada vez mais severas.

Como trazer a vida, a luz para dentro do direito? Como evitar que ele se torne apenas instrumento de vilezas e cálculo de interesses? É preciso pensar esta questão em vários níveis, desde uma discussão sobre a psicologia daqueles que ocupam a posição de jurista e se utilizam dos instrumentos jurídicos, até questões teóricas que me parecem centrais.

Os juristas devem pensar o direito na posição de legisladores, mas sem abandonar seu contato com a parte menos luminosa da humanidade, da qual ele também faz parte.

Deve ser seu papel imaginar maneiras de organizar a sociedade para que a destrutividade humana não tome conta de tudo e sejamos capazes de realizar a humanidade no que ela tem de melhor, dando forma aos valores escolhidos pelas sociedades democráticas. A imaginação do jurista precisa ser rica e plural.

Para levar adiante tal objetivo, será preciso aproximar a técnica jurídica do conhecimento sociológico, da arte e do conhecimento sobre a psique humana. O jurista deve pensar em si mesmo como um arquiteto de mundos possíveis. E para pensar no que seria ou será possível, precisa estar em contato muito próximo com toda a complexidade social.

Um arquiteto tem como tarefa satisfazer uma demanda que nasce fora dele. Mas a depender de sua capacidade de compreensão da encomenda, do ambiente em que irá edificar seu prédio e de sua capacidade de criação, ele será capaz de realizar sua tarefa de modo inovador e mudar a existência daquela pessoa e de seu entorno.

O jurista tem uma vantagem diante dos demais candidatos a ocupar esta função. É dotado do saber técnico e humanidade necessárias para construir novos mundos. Porque conhece a humanidade no que ela tem de pior e pode ser capaz de manter a esperança, será capaz de fazê-la levantar-se do chão.

Uma mulher ou um homem indignado podem formular seu sofrimento de diversas formas. Podem desenhar uma linha no papel, podem esculpir um material qualquer, podem desenvolver uma doença mental, podem ocupar um prédio público e praticar um ato de desobediência civil ou de violência.

Já um jurista tem como papel no mundo pensar esta indignação e o sofrimento que ela veicula para formular demandas perante os organismos competentes ou para criar novos organismos, novas instituições, capazes de lidar com os diversos problemas humanos. Pensar como um jurista é pensar positivamente a partir do sofrimento humano.

Por isso mesmo, a ideia de revolução fica bem mais plausível quando nos aproximamos do direito, dos juristas, deste modo de pensar. Afinal, nas mãos de um arquiteto genial que trabalhe com um mestre de obras igualmente genial, até o cimento armado é capaz de fazer curvas.

Nas mãos de um jurista ou de pessoas que exercitem esta forma de pensar, as instituições podem ser continuamente transformadas para dar conta do sofrimento humano. O jurista é o médico das normas. E deve passar sua vida olhando para o chão de modo a não permitir que a sociedade destrua, com seu passo apressado, as flores espalhadas pelo caminho.

Toda emancipação será poética

Um amigo tenta convencer o outro a pular de paraquedas com ele, ideia que parece ao primeiro completamente descabida. Explica como funciona o equipamento, explica os procedimentos de segurança, esclarece sobre os riscos e os principais motivos de acidentes. Aos poucos, o que parecia absurdo vai se tornando mais palpável, mais possível, mais desejável.

Os sindicatos começaram a agir na Europa como entidades ilegais, portanto, podiam ser combatidos com força física. As atividades de greve eram constantemente reprimidas e resultavam em mortos e feridos. O reconhecimento dos sindicatos como associações lícitas nascido de sua militância alterou esta situação em razão de uma mudança de atitude em relação às demandas da classe operária. Certamente, romances como *Germinal* de Zola, *USA Trilogy* de John dos Passos e o livro *A Situação da Classe Operária na Inglaterra* de Engels ajudaram neste processo.

A banda The Kinks escreveu uma canção em 1970 chamada *Lola*, que trata de um affair entre um rapaz e um transexual. Até hoje, a visão dos transexuais presentes na cultura está quase sempre ligada à comédia ou ao mundo policial. Eles são figuras risíveis ou perigosas, que carregam giletes e se cortam quando perseguidas pela polícia. Ao falar de outra maneira sobre eles, a banda abriu um espaço na cultura para uma visão dos transexuais como figuras interessantes, sedutoras e felizes.

Opor às figuras impostas pelos meios de produção cultural e pela opinião convencional contrafiguras que preservem a experiência da autonomia e da singularidade ao ampliar o espaço da experiência humana no mundo.

É preciso elaborar estratégias para desenvolver e preservar a imaginação que aponta para outro mundo possível, pois é capaz de realizar este trabalho positivo de construção de figuras contra a normalização cultural.

É preciso desenvolver uma militância preocupada com o mundo das imagens, constitutivas das práticas sociais.

Constituir novas práticas, criar novas imagens: toda emancipação será, no fim das contas, positiva e alegre. Alegria poética a partir da imanência do material artístico, jurídico, político, social, institucional.

Lembrete

Ampliar o conceito de "material artístico" para abarcar o material institucional e, assim, pensar poeticamente a pesquisa e o trabalho em Direito. Criar instituições cada vez mais inclusivas para efetivar de maneira nova e renovada – a cada nova demanda por inclusão – as tensões entre liberdade, igualdade e fraternidade.

Pensar as instituições a partir do que foi excluído, à maneira de Walter Benjamin. Juntar o resultado com a revisão do princípio da soberania popular formulado por Jean-Jacques Rousseau e reformulado por Franz Neumann e Jürgen Habermas.

Mostrar que tal reformulação é obra de um pensamento de tipo poético a partir do material jurídico e filosófico. Entender como ele foi possível. Escrever uma poética das instituições. Por que a mimese teria se refugiado apenas na arte?

Pesquisar melhor as formas institucionais que surgem dia a dia para pensar seu dentro, seu fora e seu futuro sobre a Terra.

A Esquerda e as Instituições

Pensar institucionalmente: essa é a fronteira que a esquerda precisa ultrapassar para deixar a irrelevância em que atualmente se encontra no debate de quase todas as questões políticas, econômicas e sociais. Em plena crise econômica, não há alternativa socialista à vista, a discussão continua a girar em torno dos mesmos autores, ideias e problemas e desenhos institucionais de sempre.

Boa parte dos modelos de crítica às instituições atuantes hoje procuram evidenciar apenas o caráter repressor e normalizador do direito e dos dispositivos normativos em geral. Sem perder de vista a crítica que aponta para os efeitos excludentes e repressores de vários modelos institucionais, é preciso introduzir a contradição neste campo do saber, o que significa legitimar o lado positivo do problema.

Tal caminho permite conceber as instituições como contraditórias, ou seja, dotadas de potenciais participativos e deliberativos a par de aspectos repressivos e normalizadores.

Claro, para alguns, o papel do intelectual de esquerda deve ser puramente negativo. Seu dever seria apenas mostrar os problemas e limitações de todo e qualquer modelo institucional em nome de sua transformação futura.

Mas será possível criticar sem pressupor um modelo positivo de sociedade que permita identificar os limites do que está posto? Como dizer que determinadas instituições são opressivas sem pressupor um desenho institucional que não o seja e sirva de medida para esta crítica?

Além disso, será possível motivar a sociedade a agir no sentido da emancipação humana sem imaginar como um dia ela possa vir a ser? Será possível deixar de lado o ponto de vista dos juristas do campo da esquerda?

Na tradição materialista, o "pressuposto", a "utopia" em que se baseia a crítica não pode ser meramente imaginária. É preciso investigar as formas institucionais existentes, mesmo que elas sejam minoritárias e experimentais, para evidenciar seu potencial de transformação.

O "pressuposto" deve estar, portanto, inscrito no real. A utopia marxista, a imaginação revolucionária é sempre encarnada.

Daí a necessidade de dialogar criticamente com a pesquisa em ciências sociais e em direito, também com a tradição do direito comparado com a arte e tantos outros pontos de vista para descobrir novos modelos institucionais e refletir sobre seu potencial emancipatório.

Daí também a necessidade de discutir em concreto a regulação de todos os problemas sociais e comparar as soluções em função de uma visão socialmente enraizada de emancipação, sempre levando em conta os interesses incluídos e excluídos por cada forma institucional.

À Margem da Teoria Crítica:
Franz Neumann

Franz Leopold Neumann nasceu em 23 de maio de 1900 e, morreu em dois de setembro de 1954. Ao lado de Otto Kirchheimer, Jürgen Habermas e Klaus Günther, é um jurista ligado à Teoria Crítica da sociedade. Mais conhecido por seu livro sobre o Nazismo, *Behemoth*, referência central para o estudo do tema, tem sido redescoberto como teórico do direito e recebido atenção de autores contemporâneos como Stanley Paulson, Ulrich K. Preuss, Axel Honneth, Claus Öffe e William E. Scheuermann.

Franz Neumann foi advogado trabalhista e militante de esquerda no começo do século XX na Alemanha. Ainda estudante, apoiou a frustrada Revolução de 1918 e filiou-se ao Partido Social-Democrata (SPD). Estudou direito em Breslau e Frankfurt e escreveu um Doutorado em 1923, ainda inédito, com o título: *Introdução Jusfilosófica a um Tratado sobre a Relação entre Estado e Pena (Rechtsphilophische Einleitung zu einer Abhandlung über das Verhältnis Von Staat und Stafe)*. Foi assistente de Hugo Sinzheimer, pioneiro do Direito do Trabalho alemão, e deu aulas na escola para sindicatos afiliada à Universidade de Frankfurt. De 1928 a 1933 dividiu escritório com Ernest Fraenkel, advogado e jurista especializado em Direito do Trabalho, autor de um estudo importante sobre o nazismo, *O Estado Dual*. Entre 1932 e 1933 foi advogado do SPD.

Durante todo este período, escreveu textos sobre direito do trabalho e direito econômico reunidos em coletâneas publicadas em alemão, italiano e inglês.

Ainda em 1933, nas semanas seguintes à ascensão dos nazistas ao poder, diante de sua prisão iminente, foi obrigado a fugir da Alemanha. Fixou-se em Londres em razão de sua ligação com o socialista fabiano e Professor da London School of Economics, Harold Laski, que havia feito publicar um de seus artigos sobre questões trabalhistas. Em 1936 escreve *The Rule of Law*, seu segundo doutorado que só viria a ser publicado na década de 1980. Foi orientado por Laski e influenciado por Karl Mannheim, também professor da LSE e ex-professor de sociologia de Frankfurt.

Neste mesmo ano Neumann inicia sua colaboração com o Instituto de Pesquisas Sociais, estabelecido no exílio. Trabalha como administrador, consultor jurídico e pesquisador da instituição, mas sua relação com o Instituto é atribulada. Neumann discordava da interpretação do nazismo defendida por Friedrich Pollock e Max Horkheimer, que gira em torno do conceito de "capitalismo de estado". A divergência está registrada em *Behemoth* e resultou em sua marginalização e posterior exclusão do Instituto, mesmo destino que mereceram Walter Benjamin e Herbert Marcuse. Todos eles ousaram discordar da linha teórica conduzida com mão de ferro pelo diretor Max Horkheimer.

A publicação de *Behemoth* em 1942, escrito no contexto do Instituto de Pesquisas Sociais, deu grande projeção a Neumann. O livro foi elogiado por C. Wright Mills, um dos grandes sociólogos dos EUA, autor do estudo seminal *The Power Elite*, e marcou sua aproximação da Universidade de Colúmbia, instituição à qual o Instituto estava afiliado, e do Governo dos EUA. Neumann tornou-se professor de Ciência Política em Colúmbia em 1948, mas antes disso, a partir de 1943, trabalhou como consultor do Departamento de Assuntos Econômicos da OSS (Office of Strategic Services) e, a seguir, Chefe da Seção da Europa Central do Setor de Análise da mesma instituição, ao lado de diversos outros jovens professores. Esta posição permitiu a Neumann acolher outros intelectuais renegados pelo Instituto, dispensados por Max Horkheimer, como Herbert Marcuse e Otto Kirchheimer.

A atividade de Neumann neste posto foi estudada em detalhes por Michael Salter (*Nazi War Crimes, US Intelligence and Selective Prosecution at Nuremberg: Controversies Regarding the Role of the Office of Strategic Services*. London: Routledge-Cavendish, 2007). Suas tarefas incluíam a identificação de nazistas com o fim de responsabilizá-los futuramente por crimes de guerra e fornecer informações que pudessem enfraquecer o regime nazista.

Em 1944, Franz Neumann tomou parte na elaboração de um plano para a desnazificação da Alemanha. Suas posições foram vencidas em razão da Guerra Fria. Em nome do combate ao comunismo, para evitar seu avanço sobre a Europa, os EUA tomaram atitudes no mínimo discutíveis em relação a vários participantes do regime nazista. Michael Sandel mostra em detalhes, a partir do exame de memorandos e registros burocráticos variados, como Neumann defendeu um processo de desnazificação mais profundo e radical do que aquele que de fato ocorreu.

Neste período, Neumann tomou parte na preparação das acusações que seriam levadas adiante nos Tribunais de Guerra de Nuremberg. Chefiado por Robert H. Jackson, ajudou a elaborar análises dos 22 acusados e de várias organizações nazistas, em especial no que dizia respeito às perseguições religiosas. Também revisou o esboço da acusação a Hermann Göring. A despeito de sua participação neste processo, sua posição pessoal era a de que os criminosos nazistas deveriam ser julgados em cortes alemãs com fundamento na Constituição de Weimar, nunca revogada durante o nazismo, por considerar que este seria um passo importante para a desnazificação da Alemanha.

Em 1948 participou da criação da Universidade Livre de Berlim. Até sua morte, escreveu textos importantes sobre os conceitos de ditadura, liberdade e poder; além de um estudo sobre as raízes psicanalíticas da democracia e da ditadura, "Angústia e Política", revisitado por Axel Honneth em artigo recente.

Deixou inacabado um estudo sobre a ditadura que seria escrito em parceria com Herbert Marcuse. Todos os textos deste período foram reunidos por Marcuse no livro *Estado Democrático, Estado Autoritário*. Sua atividade de professor em Colúmbia incluiu a orientação da tese *The Dilemma of Democratic Socialism: Eduard Bernstein's Challenge to Marx* (Buccaneer Books, 1983), escrita por Peter Gay, futuro especialista em Freud; também a orientação inicial, interrompida por sua morte, da tese *The Destruction of European Jews*, de Raul Hilberg (1926-2007), estudo central sobre o holocausto que contribuiu para definir os problemas deste campo.

Franz Leopold Neumann morreu em um acidente de carro em Visp, na Suíça, aos 54 anos de idade.

A esquerda do direito

Um jurista de esquerda sabe que a ideia de estado de direito nunca irá se realizar completamente. Sempre haverá novas demandas sociais a exigir a reconstrução das instituições e a reconstrução da utopia do estado de direito.

Enquanto houver um mendigo nas ruas, enquanto houver uma situação de injustiça, a realização desta utopia permanece inacabada. Mas tal meta não está fora da história. Ela deve ser atualizada para que o preço do progresso não seja, como queria Hegel, a destruição das flores ao longo do caminho.

O direito racional e formal é compatível com povos nos quais predomina o pensamento mágico? Como fazer justiça aos mortos na luta pela liberdade de organização e manifestação? Qual é o desenho institucional capaz de garantir poder político e econômico a todos? Com qual gramática o direito deve combater a discriminação racial e de gênero?

Sem responder estas perguntas, o estado de direito permanece como promessa. Mas ser capaz de cumpri-la não seria uma tarefa divina? A instauração do Paraíso na Terra?

Não devemos exigir menos da realidade. O progresso da ciência, da teoria social, da justiça humana é feito de sonhos assim, capazes de recriar o mundo à sua imagem.

Mas para sonhar desta forma é preciso saber que o Paraíso não é deste mundo: trata-se de fazer teoria e não teologia. O sonho, a utopia são categorias forjadas no presente e por ele determinadas.

E os sonhos do presente podem não abarcar todo o sofrimento humano. Podem excluir interesses dos que ainda estão para nascer; também desejos emudecidos pela gramática institucional vigente.

Mas como ouvir as vozes dos vencidos a partir do que está posto? Com que ouvidos escutar a voz dos que foram reduzidos ao silêncio?

O jurista não pode falar apenas a voz do instituído e não pode se fiar apenas na gramática corrente.

Precisa ouvir o sofrimento tanto nas demandas sociais já formuladas quanto nas demais linguagens mundanas para levar ao limite as estruturas postas e reativar os canais empoeirados pela falta de uso.

Deve também examinar a história para identificar injustiças passadas e propor estratégias de reparação, além de meios para evitar que elas se repitam. E comparar sua experiência com a realidade de outros povos, além de apurar os ouvidos para escutar na arte e em outras ciências o sofrimento ainda inaudito.

O papel do jurista de esquerda é traduzir o sofrimento humano para a gramática do direito e/ou fundar nele propostas de transformação que ampliem sua capacidade de expressão.

Nem sempre os homossexuais tiveram direito de fazer sexo: a sodomia já foi considerada crime. Houve um tempo em que apenas homens, brancos e ricos podiam votar. Criar sindicatos já foi crime. E nenhum desses desenhos institucionais permanece vigente: todos foram destruídos ou transformados pela luta social, muitas vezes nos quadros do estado de direito.

O poder das demandas sociais não deve ser subestimado. Elas podem atingir estruturas fundamentais da organização social, como ocorreu no auge dos

Estados de Bem Estar, desenho institucional combatido ainda hoje pelo neoliberalismo.

A disputa sobre o controle dos meios de produção, as questões de raça e de gênero, entre outras, têm motivado alterações profundas nas instituições. Mas qual é o limite para elas? A resposta será dada pelo estado atual da luta política.

E de sua parte, o sistema político tem se transformado com a criação de conselhos consultivos e deliberativos, conferências nacionais e outros mecanismos de participação direta. Não há razão, diga-se, para naturalizar os partidos e o sistema representativo como forma final da luta social.

Neste momento, uma pergunta se impõe: não faria mais sentido defender a simples destruição do que está posto? Porque se contentar com reformas parciais se é possível reconstruir tudo a partir de novos princípios de justiça?

Mas para realizar esta tarefa seria preciso saber quais são estes princípios e qual a melhor forma de efetivá-los. Não estamos diante, de novo, de um trabalho para os deuses, que sabem de toda a verdade sobre a o destino da humanidade?

O impulso de destruir as instituições deve ser posto em contexto. Não faz sentido levá-lo adiante quando as demandas sociais criam novos direitos e têm efeitos transformadores sobre gramática institucional.

Ao justificar a Revolução Francesa, Saint Just, protagonista do terror revolucionário, afirmou que as instituições estavam "banhadas em sangue" e serviam apenas aos interesses da aristocracia. Suas palavras tiveram grande impacto sobre seu tempo.

Mas enquanto for possível criar direitos e transformar o desenho do estado nos quadros do direito, as palavras de Saint Just permanecerão sem apelo. Pois se o direito não é o Paraíso na Terra, ao menos provou ser capaz de dar voz ao pluralismo da sociedade, afastar o totalitarismo e abrir espaço para se questionar toda e qualquer forma de poder.

É preciso lutar para aprofundar seu potencial democrático. A tentativa de estados e grandes empresas de fugirem do direito para criar zonas de autarquia em que a produção de normas prescinde da participação e do controle social é um indício convincente da força do estado de direito.

O jurista de esquerda não deve acreditar cegamente no poder revolucionário das instituições, mas deve ser o primeiro a soar o alarme ao se cogitar abrir mão delas.

Afinal, a resposta definitiva sobre a emancipação será dada apenas ao som do derradeiro acorde do último segundo da última era da história da humanidade. A este momento se seguirá um silêncio eterno ou a explosão em júbilo de todas as vozes, diante de um mundo reconciliado consigo mesmo.

Mas enquanto esse momento não chega, o que nos resta é evitar a ilusão de sermos deuses. E vivermos em dúvida e em conflito, ao som das vozes desordenadas que entoam a melodia, deselegante e áspera, da democracia. Estamos todos, ao menos por enquanto, fadados a defendê-la.

Amar não é Direito? Luis Alberto Warat

Qual é o lugar do amor no currículo das Faculdades de Direito? Foi essa a pergunta feita por Luis Alberto Warat na mesa sobre ensino jurídico organizada em 2009 pelo Centro Acadêmico Hugo Simas da UFPR, da qual tive a honra de participar. Falar depois dele foi certamente uma tarefa ingrata. Seu carisma e capacidade de provocar estavam à altura da tradição da filosofia da época de Sócrates na qual os cidadãos eram abordados na *pólis* com o objetivo de testar a racionalidade de suas opiniões.

Como de hábito, Warat criticou duramente o formalismo no pensamento jurídico como um meio de abstrair o mundo social da reflexão e da aplicação do direito. O resultado disso seria a formação de profissionais incapazes de perceber a dimensão real dos problemas com os quais terão que lidar.

Os últimos escritos de fôlego de Warat versaram sobre a conciliação compreendida como um mecanismo de solução de conflitos alternativo à forma judicial tradicional. Seu objetivo nestes textos foi imaginar desenhos institucionais capazes de incluir em sua racionalidade a dimensão afetiva, emocional e individual dos seres humanos. Warat buscava uma nova gramática para as instituições.

A jurisdição que atua a partir de normas abstratas traz vantagens e desvantagens. A principal vantagem é conferir ao procedimento decisório alto grau de neutralidade: o juiz não deve se implicar no problema, pois ele é um instrumento para fazer valer a vontade do povo. No entanto, tal vantagem pode vir a se tornar uma desvantagem. Ao ignorar a realidade social e se tornar um exegeta de normas, o direito pode ficar insulado do mundo real.

Um exemplo simples: "São proibidos animais neste recinto". Esta norma vale para cães-guia utilizados por deficientes visuais? O juiz, ao decidir, pode criar uma exceção a ela ou deve esperar que o legislador se manifeste?

Se decidir agir, o juiz não estaria saindo de seu papel ao fazer uma avaliação própria do conflito social, sem referência direta à vontade do legislador? E tal ação não cria o risco de arbítrio? Pode haver casos em que a injustiça que nasce da aplicação mecânica da norma não fique assim tão patente.

Há duas saídas razoáveis para este beco sem saída: postular um aprofundamento do formalismo e sua concepção clássica de separação dos poderes ou redesenhar a separação de poderes e rever o papel do juiz singular e da hermenêutica jurídica como mecanismos de solução dos conflitos sociais.

Já é hora de imaginar um Poder Judiciário em que a jurisdição não seja o principal meio de solução de conflitos e em que o juiz neutro e individual não seja modelo para desenhar a jurisdição. Ao que tudo indica, decidir com base em normas abstratas e confiando em juízes individuais só funciona em ambientes facilmente padronizáveis e que não mudem com rapidez.

Apenas nestas condições é razoável supor que a jurisdição se exima de ser criativa. De maneira cada vez mais frequente, casos concretos são decididos também com fundamento em argumentos econômicos, políticos, sociológicos e técnicos e não a partir da exegese do texto da lei.

"E o amor?", perguntaria o professor Warat. Para este novo modo de pensar, ele passaria a fazer parte das instituições. Pois se decidir o caso não é mais interpretar normas, será preciso levar em conta também a dimensão afetiva das partes em dissenso. A decisão deve ser proferida em função do caso e das pessoas envolvidas nele.

Evidentemente, tal mudança demanda uma alteração radical na postura do organismo decisório e em seu modo de operar. Por exemplo, a técnica jurídica deixaria de ser uma "hermenêutica de textos" e passaria a ser uma "hermenêutica de fatos", ou seja, uma prática social interpretativa cujo objetivo seria construir um diagnóstico de fatos sociais singulares e complexos para encontrar respostas jurídicas que lhes fossem adequadas.

A jurisdição tomaria a forma de uma *atividade legislativa em concreto* cujas decisões justificadas deveriam levar em conta o máximo de vozes sociais possíveis. Hans Kelsen mostrou que a diferença entre legislação e jurisdição não é de natureza, mas de grau. A jurisdição produz a norma em concreto e precisa levar em conta casos semelhantes julgados anteriormente; o legislador não. Mas nesse novo registro, a racionalidade jurisdicional não seria mais monofônica, expressão da vontade da lei, e sim *polifônica*, expressão de diversas vozes sociais.

Uma boa decisão seria aquela capaz de abarcar todos os interesses implicados nela, mesmo que para este fim fosse necessário abandonar o modelo de juízes singulares. A participação de mais juízes, inclusive leigos, a realização de audiências públicas e uma utilização mais liberal de perícias e *amicus curiae* poderia resultar, deste ponto de vista, em decisões mais bem justificadas.

Haveria ainda normas abstratas, mas formadas de baixo para cima, a partir da generalização da justificação das decisões. E dentre as razões para decidir poderiam constar argumentos políticos, econômicos, sociológicos, afetivos e de qualquer outra natureza, desde que representativos de interesses sociais pertinentes ao caso.

Tal modo de operar tornaria o processo decisório mais complexo, além de aberto à influência de interesses os mais variados, mesmo que escusos. No entanto, caminhar nesta direção parece inevitável. É cada vez mais difícil legislar de uma distância grande demais dos conflitos sociais. Temos que repensar o desenho das instituições para aproximar a legislação da sociedade e radicalizar a democracia, tornando tal processo mais responsivo aos conflitos e interesses em jogo.

Tornar dogma de fé o modelo clássico de separação de poderes é a melhor forma de perder a chance de construir novas soluções para os problemas que temos que enfrentar; processo que deve incluir a percepção do amor é sim assunto de juristas. Mesmo durante o horário do expediente.

O Sentido Político dos Hippies e o Anarquismo como Crítica Social

As instituições visam facilitar a ação coletiva, pois antecipam decisões que os indivíduos precisam tomar em sua vida cotidiana. Por exemplo, o dinheiro. Sua função é facilitar as trocas e permitir que a sociedade distribua seus produtos e remunere adequadamente aqueles que os produzem. Se o dinheiro não existisse seria preciso negociar, a cada troca, a equivalência entre as diversas mercadorias.

Qual é o valor em flores de um quilo de carne? Os mecanismos de mercado estabelecem preços que funcionam como padrões gerais para a realização das trocas. No entanto, Marx demonstrou que se o mercado se tornar um sistema completamente autônomo ele assume feições destrutivas. A sociedade não pode abrir mão do poder de ditar racionalmente, a partir da prática política, os limites de seu funcionamento. Mas não é esse nosso assunto aqui.

Existem padrões gerais para se tomar decisões éticas e morais? Durante muito tempo a religião forneceu regras obrigatórias para orientar a conduta dos homens nesses dois campos. Atualmente, a diversidade religiosa e cultural torna cada vez mais difícil estabelecer um conjunto de regras capaz de aliviar os indivíduos das decisões éticas e morais que precisam tomar.

Aqui vemos a importância do Direito, que confere força obrigatória a regras que podem ser modificadas com o tempo. Em um estado democrático, os diversos grupos sociais podem participar do processo legislativo para fazer valer seus pontos de vista na disputa pela criação das regras abstratas e por sua interpretação diante dos casos concretos.

Caso saiam derrotados da disputa, tais grupos sabem que as regras podem ser modificadas no futuro e, portanto, que seu ponto de vista pode vir a se tornar vencedor. Ao menos essa é a promessa do sistema parlamentar, que se debate há tempos com o problema do abuso do poder econômico nas campanhas e no financiamento de lobbies junto ao Congresso.

Seja como for, parece muito difícil viver sem regras abstratas em sociedades como as nossas, em que se desenvolvem projetos coletivos de largo alcance em todas as esferas da existência, seja para educar a população, para produzir alimentos ou para conduzir os assuntos de governo.

E é justamente aqui que começam os problemas. Como se vê, para viabilizar projetos coletivos que se sustentem no longo prazo, os indivíduos precisam abrir mão de parte de seu poder de criar normas jurídicas em favor de organismos criados para este fim. O risco que se corre com isso é distanciar o processo legislativo dos cidadãos.

Evitar este desfecho é um problema para a imaginação institucional. A solução tradicional é utilizar partidos e eleições periódicas para escolher os representantes do povo junto aos organismos de poder. Neste modelo, a sociedade mantém uma parte residual e setorial da produção normativa. Pois as normas gerais, válidas para toda a sociedade, são criadas pelo Parlamento, instância destinada a refletir sobre os interesses de toda a população.

Outro desenho institucional possível é a criação de instâncias comunitárias que devolvam à sociedade o poder de criar normas jurídicas. Jean Jacques

Rousseau, por exemplo, abominava qualquer forma de representação e afirmava que a democracia só seria possível em pequenas cidades com poucos habitantes.

A tentativa dos hippies de criar comunidades alternativas à sociedade de massa e de consumo seguiu este mesmo espírito. Tal iniciativa não foi capaz de reformar o padrão de organização política de nossas sociedades, a despeito de seu sucesso no campo da cultura e do comportamento. Nesse sentido, proponho que voltemos a refletir sobre o sentido político do projeto hippie.

Será razoável pensar em uma alternativa comunitária à organização política atual? Esta é uma questão em aberto. Mas além dessa posição, radicalmente contrária à ideia de representação, gosto de pensar em um projeto de crítica às instituições de inspiração anarquista, cujo objetivo seja abolir a hierarquia no processo legislativo para aproximar os indivíduos dos centros de produção normativa.

Pensar nestes termos é um grande desafio para a imaginação institucional. É fácil pensar na democracia diante de pequenos grupos em que os indivíduos mantêm relações face a face. Mas como realizar a democracia em sociedades de massa marcadas pela diversidade cultural? Como aproximar a população dos organismos destinados a produzir normas gerais e articulá-los com outras instâncias, setoriais e/ou especializadas, em que os indivíduos tomem parte diretamente do processo legislativo?

Estes são alguns desafios que o pensamento crítico sobre as instituições precisa enfrentar. Afinal, a efetivação da liberdade exige a elaboração de propostas positivas para organizar o processo legislativo. A língua da liberdade também é uma língua institucional.

Parte 2
A cocaína da socialização

Cultura de massa, socialismo e vulgaridade

A formação do assim chamado "grande público" a par do desenvolvimento dos meios de comunicação de massa não é apenas um reflexo do avanço tecnológico. Todos nós precisamos do conforto ou do desconforto de ideias e sentimentos que carreguem em si a promessa de permanecerem intactos por mais do que alguns segundos. Há um limite para mudar de posição, há um limite para o incômodo da incerteza, há um limite para se lidar com tanta fragmentação e tanta diversidade política e cultural. Mas será mesmo?

Fazer sucesso é entregar conforto para apaziguar ou indignar, mas sempre da mesma maneira. Grandes diretores de cinema, grandes intelectuais de esquerda e de direita, grandes animadores de auditório: todos têm em comum a preocupação com o bem estar de seu público, seja para fazer uma piada de português, indicar os caminhos para a luta revolucionária ou construir uma história de amor. O sucesso se faz contra a dúvida, seu inimigo mais feroz.

Mas falar para o grande público, ter acesso a milhares de lares e de cérebros, ter meios para influenciar milhões e milhões de pessoas não pode ser um fato positivo no fim das contas? Ao invés de frases vazias, ideias complexas e inteligentes, ao invés de vulgaridade, problemas complexos e relevantes, ao invés de entretenimento, arte e cultura.

O projeto socialista é educar as massas ou fazer com que elas pensem com suas próprias cabeças? É lutar para manter o controle dos meios de comunicação ou expandir o acesso a ideias e pontos de vista? Padronizar as referências ou acolher o humano em toda a sua diversidade, mantendo espaço inclusive para piadas de português, frases vazias e para a vulgaridade que, olhada mais de perto, pode ser apenas mais um marcador de classe?

O sucesso de público e crítica e qualquer forma de hegemonia no campo da arte e das ideias não deveriam ser combatidos como se combate a formação de grandes conglomerados empresariais com tendências monopolistas?

Hiperpaulistanos

Há diversas maneiras de ser paulistano, a melhor delas, provavelmente, é vir de fora da cidade. Como qualquer outro grande centro, a cidade é um refúgio para os deslocados em seus locais de origem. Gente interessada em pensar demais, em ganhar dinheiro demais, em transar demais ou que estava simplesmente cansada de ver as coisas permanecerem como ainda estão no lugar em que nasceram.

Deve ser incrível viver em uma cidade de sonho, um lugar espinhoso, difícil, mas que pode finalmente compreender você e realizar todos os seus desejos. Deve ser incrível também ter um lugar para onde se possa voltar e contar tudo o que se fez, um ponto de partida para servir de referência para a sua evolução na vida.

Gosto de ouvir as pessoas falando da minha cidade em um tom grandiloquente e cheio de esperanças, movidas pela paixão de uma ideia, mesmo que mesquinha e venal. Gosto de ver como elas vão se integrando à vida cotidiana, como vão encontrando seu espaço, como conseguem se firmar em seu trabalho, mesmo sem conhecer muita gente. Gosto de ver também como essas pessoas, muitas vezes, amplificam os defeitos e qualidades de seu novo meio para se tornarem uma espécie de hiperpaulistanos.

Porque o menino ou a menina com a conversa e a roupa mais modernas da balada, o empresário ou a empresária mais rica e mais perua (ou playboy) dos jardins, o intelectual ou a intelectual mais dedicada aos gênios municipais, o paulistano ou a paulistana que ventila os maiores preconceitos contra os nordestinos e tem raiva da suposta falta de ética no trabalho do restante do país, não raro, nasceu bem longe daqui.

Sua paixão por aquilo que ele (ou ela) é e por aquilo que ele (ou ela) representa deriva de sua hiperintegração a uma cidade conquistada a duras penas, mas em relação à qual muita gente que nasceu aqui sente um profundo enfado e às vezes nojo. Mas para essas pessoas de pouco entusiasmo, nada melhor do que poder aprender a ser paulistano com quem realmente entende do assunto. Afinal, nem sempre os sonhos e os estrangeiros são arautos de mudanças.

Fernando Pessoa e o conformismo

A decisão de Fernando Pessoa de criar heterônomos ao invés de assinar todos os poemas com seu nome torna sua obra menos interessante para pensar o sentido de nossos dias. Sua escolha hoje soaria covarde e conformista.

Quantos personagens seriam necessários para lidar com a existência de um homem ou de uma mulher comuns em uma grande cidade contemporânea? Em sua época, a novidade do fenômeno talvez tenha levado a esta solução defensiva que visava explicitá-lo. Hoje em dia não é preciso denunciar mais nada. Os personagens são criados cinicamente, quase sem hesitação.

Fragmentar-se é uma solução cômoda que dilui a responsabilidade e a autonomia dos vários "eus" em conflito. Resistir à opressão é tentar manter todas essas faces sob o mesmo nome e sem fraquejar, suportando a tensão até o limite.

Sem permitir-se dizer, ou suportar que se diga, que a culpa pela falta de caráter é do excesso de trabalho e que a culpa pelo excesso de trabalho é o amor pela mulher e pelos filhos. Segurança em troca de afeto em troca de penúria moral.

Só assim será possível pensar um horizonte de alívio sem criar compensações poéticas para a ameaça de cisão que assombra o eu. Porque tal ameaça é uma das faces do capitalismo, não devemos legitimá-la de nenhuma forma.

Habermas pode conversar com os animais?

Tio Boonmee, de *Apichatpong* Weerasethakul, é um filme político. Incorpora na mesma narrativa pensamento mágico e tecnologia, medicina ocidental e fantasmas, telefones celulares e animais falantes, rock tailandês e carma. Pensadores como Jürgen Habermas têm procurado delimitar um espaço para a religião na esfera pública que fica reduzida a um papel secundário, posta lado a lado às inúmeras vozes sociais. *Apichatpong* fala de um mundo em que a democracia, para sobreviver, precisará delimitar um espaço para a deliberação no tecido denso do pensamento mágico hegemônico.

Será preciso refazer a divisão de tarefas que se estabeleceu durante o iluminismo entre razão e religião. A questão está novamente em aberto e não parece razoável fazer renascerem Voltaire e Diderot para lidar com o problema. Arrancar o véu do rosto de meninas não é a solução. É preciso dar conta do mundo complexo de que fala *Apichatpong*, que mora nos campos e florestas onde o filme se passa, mas também nas cidades do oriente e ocidente, onde fantasmas, homens e animais caminham lado a lado.

Tio Boonmee fala do avesso da questão enfrentada por Habermas, a qual provavelmente nós, ocidentais, não vamos conseguir resolver sozinhos. Será preciso confiar em um Habermas budista que saiba conversar com os animais. E pense poeticamente como a narrativa onírica do filme, cuja beleza pode-se comparar aos melhores momentos de Tarkovsky. Também a capacidade de manipular o tempo, esticando os minutos com movimentos da câmera e com uma luz delirante que faz com que os animais, as pedras, a água e as plantas (e sua racionalidade específica) deixem a condição de coadjuvantes.

A moda como opressão de classe

A elegância, a sofisticação é um dos mais poderosos marcadores de classe. Neste caso, a exclusão do outro ocorre ao primeiro olhar, na primeira frase, diante de qualquer "deslize" que leve a crer que determinada pessoa "não é de nossa educação". O segredo deste marcador é a plasticidade, a capacidade de fazer alianças entre as diversas classes sociais, sem abrir mão do poder de julgar o outro.

Houve um tempo em que a elegância era medida apenas pelo preço, pela qualidade e pela exclusividade dos produtos utilizados pelos indivíduos. Depois de tanto sangue derramado nas lutas sociais sem que fosse diminuída a quantidade de pobres e miseráveis no mundo, não é de bom tom ostentar demais. Elegante é ser discreto. Por isso mesmo, hoje em dia, bem utilizada, ou seja, de acordo com as regras do opressor, uma camisa de porteiro comprada em uma loja de uniformes profissionais pode ser considerada altamente elegante.

É o "bom senso", o "senso estético" que garante a sofisticação do visual. Mas um "bom senso" devidamente naturalizado e transformado em propriedade privada de um grupo restrito de pessoas, instaladas nos meios de comunicação de massa e em pontos estratégicos da esfera pública.

Será preciso legitimar o "look porteiro de prédio" em algum editorial de moda, em alguma "it girl" ou em um garotão modernex para que ele se torne sinônimo de elegância. A moda só faz sentido quando não existe autonomia para se definir o que é elegante e o que não é. O movimento de ir buscar "a moda que vem das ruas", repetido de tempos em tempos pelos profissionais desse campo, dá a nítida impressão de que o acesso à elegância é democrático e plural.

No limite, ao deixar de lado roupas e acessórios e falar apenas de "atitudes" –, o que permite dizer que uma pessoa "simples" é "elegante" apenas porque sabe "viver bem", é "feliz" e "tem dignidade" – os detentores de poder simbólico reafirmam sua posição de juízes e buscam a cumplicidade das classes baixas para o exercício de seu poder de classificar, julgar e excluir. E, evidentemente, de determinar o consumo.

Sexo socialista

Na sociedade emancipada o sexo não será dominado pela fantasia da subordinação, dizem as feministas mais radicais. Instrumentalizar o corpo do outro para transformá-lo em um objeto manipulável e destituído de vontade é abrir espaço para sua violação.

A penetração, diz Andrea Dworkin em *Intercourse*, estabelece uma hierarquia. Tem a ver com posse, com dominação, com invasão e tomada de espaço. Poderíamos concluir assim que o sexo com penetração é imune a qualquer reforma? Sexo seria sempre sinônimo de violação? Melhor ir mais devagar. É fácil desqualificar Dworkin desta forma, transformando suas afirmações em slogans radicais infecundos. Quando na verdade, ela acertou em cheio.

Sexo não é sinônimo de penetração. É preciso ampliar a imaginação social em relação ao sexo, mostra Dworkin. Há outras formas de prazer sexual tão excitantes quanto o intercurso carnal. A penetração não é a "cereja do bolo", não é objetivo único e final de toda e qualquer relação sexual. Não há razão para estabelecer uma hierarquia entre as diversas manifestações de prazer. A fantasia masculina com o sexo entre lésbicas demonstra bem o que Dworkin quer dizer.

Intercurso carnal não é sinônimo de estupro. A penetração pode ocorrer de formas variadas e em contextos diversos. Dworkin exagera quando se refere à "natureza" deste ato, que é tão simbólico e plástico como qualquer outro. Mas está certa ao apontar a naturalização da relação entre intercurso e violação, em especial no campo da pornografia.

Candida Royalle é uma reformista no campo da pornografia. Fundou em 1984 a primeira produtora de filmes para mulheres. Não fosse a prisão do dualismo de gênero, talvez fosse mais adequado dizer que seus filmes agradam pessoas cuja sensibilidade para o sexo não gira em torno da imagem da dominação. E que não acreditam que o intercurso carnal seja uma Bastilha a ser derrubada.

Deus existe?

Para um sociólogo, Deus existe porque determina comportamentos. Para Derrida, o que resta de Marx é um sentimento messiânico laicizado que seria mais preciso chamar de "autonomia", com o inconveniente de rebaixar ao nível humano aquilo que parte da esquerda deseja que continue no mesmo patamar de Deus. A melhor maneira de preservar um mistério é não falar dele, não invocar seu nome em vão, não dar concretude aos sentimentos e desejos mais sublimes. Peço silêncio sobre a revolução: basta saber que ela virá. Sem nenhum trabalho a ser feito: crise, redenção, paraíso na Terra.

Mas é diferente transcender a partir de um projeto lépido e fagueiro do que levantar voo a partir do chão da realidade histórica. Todo artista sabe disso. O material tem leis, flexíveis, mas coercitivas. Quem acredita que um gênio nasce do nada é um neófito, um completo idiota ou está mal intencionado politicamente. Não se pode transformar madeira em ferro: compreender tal limitação é o jardim da infância de todo desejo de expressão. Um meio nunca é apenas um meio: normalmente ele é quase tudo e nunca se pode escapar dele. Não é possível saltar sobre a própria sombra ou nascer sem ela, como o personagem da literatura alemã, cujo legado é largamente conhecido.

O conceito de "material" da estética marxista é um conceito político. É preciso criar uma poética das instituições. Mas de onde nasce o desejo de criar com ferro ou madeira, argila ou mármore, óleo ou palavras? O que preside a livre escolha dos materiais? Como um artista encontra seu meio de expressão mais adequado dentre aqueles que seu contexto oferece? E dentre aqueles que ele se vê obrigado a inventar parcialmente por condensação ou por deslocamento? Trabalho do sonho: resina industrial, casca de ovo, isopor, espuma de banho, forma direito, estado, parlamento, poder judiciário, justiça restaurativa?

Por que buscar novos meios e suportes? Qual o motor da criação? Deus existe? E o que ele é? A origem animal de Deus: instinto menos objeto é igual a desejo. Aquisição evolutiva: só há autonomia se houver a fome de fazer mais. Sem justificativa possível.

Viadinho, viadinho

É cada vez mais difícil encontrar uma mulher ou um homem que se encaixe em nossos padrões abstratos. As sociedades democráticas dissolvem hierarquias e aumentam a percepção da violência. O que era perfeitamente normal ontem será considerado uma agressão algum tempo depois, nos ensinou Norbert Elias. A mudança de hierarquia entre homens e mulheres tem embaralhado a percepção dos gêneros. E transformado em arma letal as atitudes mais inocentes.

Devemos abraçar este espaço de liberdade e combater aqueles que pregam o retrocesso. Mas se trata de uma liberdade difícil. É preciso negociar caso a caso os componentes masculinos e femininos dos polos de cada relação, um processo que atinge estratos muito arcaicos de nossa história pessoal. A solução clássica é elaborar um anúncio e torná-lo público no jornal, na internet e entre os nossos conhecidos. Para que todos ajudem nas buscas. Os sites de relacionamento e as alcoviteiras nunca foram tão importantes. Deveriam ser subsidiados pelo Tesouro.

Outra saída é estabelecer padrões mais elásticos e dançar conforme a música. Fez sombra... Pois é permitido dançar, é permitido chorar, é permitido ser fraco, é permitido ser passivo, é permitido ter dúvidas, é permitido falhar, falar de seus sentimentos e não gostar de futebol neste mundo novo. Sem decepcionar ou ferir ninguém. Sem ser chamado de banana ou de viado. Pepeu Gomes é nosso profeta. Pela democratização do câncer de mama, do stress e do enfarto do miocárdio.

Não tenho saudades do que se perdeu. Deixemos a função de macho alfa para os macacos. Às vezes é importante marcar as diferenças entre as espécies. Mas será preciso aprender a ser livre. Ultrapassamos a última fronteira da biologia. As reações regressivas não tardarão e cada vez mais violentas. A natureza sempre vinga sob a forma de fascismo, religião ou ciência econômica.

O crime é a cocaína da socialização

Não é fácil tolerar a diferença, reconhecê-la, imputar-lhe dignidade própria. Como evitar que se forme; como modificar a estrutura de uma existência racista, homofóbica, xenófoba, fascista? Será preciso ouvir com atenção os agressores; prestar atenção em seu sofrimento e em suas justificativas. Também desconfiar de todos aqueles que se afirmam acima deste problema, essa gente "descolada", completamente livre de preconceitos. Judith Butler acaba de recusar um prêmio da cidade de Berlim como forma de criticar os movimentos sociais *queer* e brancos que têm ignorado a questão turca. O trabalho de diferença é difícil, lento e precisa ser constante. E ele começa evitando-se a formação de guetos e aristocracias em qualquer esfera da existência.

Sabemos quase nada sobre o processo existencial de negociar valores; seus mecanismos, seus custos fisiológicos, suas barreiras simbólicas. Chamá-lo de "ressignificação" ou "agir comunicativo" é um começo, mas muito abstrato. A criminalização é um obstáculo para esta pesquisa, que pode aperfeiçoar o trabalho da diferença. Estigmatizar os culpados deixa os "cidadãos de bem" felizes. Pois eles podem apontar em alguém tudo aquilo que são ou seriam capazes de fazer, deixando intacto e oculto o desejo de discriminar. Os criminosos são sempre "eles", os outros. Condena-se um para absolver o todo quando é no todo que está o problema. A criminalização é sempre um sacrifício ritual: o direito penal deve ser extinto.

Os "cidadãos de bem" não merecem a pacificação interna e a prepotência que sua carga simbólica é capaz de produzir. O crime é a cocaína da socialização. E os inocentes os verdadeiros inimigos quando assumem um papel puramente acusatório. Toda forma de "ira santa" é suspeita. Na verdade, o inimigo real é a naturalização da gramática que interpreta o mundo por meio de crimes e de penas. Há formas não-sacrificiais para demarcar as fronteiras entre o lícito e o ilícito que não separam "culpados" e "inocentes" como se fossem espécies animais distintas.

O novo cinema brasileiro

Saída da seção de cinema, "Socialisme" de Jean-Luc Goddard, São Paulo, elite cultural paulistana: "Deveria ser proibido fazer filmes assim", disse o rapaz de 20 e não tão poucos anos, com a concordância geral dos presentes. Quando foi que a arte perdeu sua legitimidade perante essas pessoas? Deve-se evitar desafiar o público, diz o manual do novo cinema brasileiro, porque isso irá afastá-lo dos filmes. Perde-se mercado ao expor as pessoas a formas que não se entregam à primeira vista. Sofisticação, mas "cun grano salis". Ítalo Calvino, não Ítalo Svevo.

É importante respeitar a insegurança do público e evitar fazer com que ele se sinta ignorante. Mesmo um público bem informado, que deseja sair do cinema com a sensação de ter se divertido com alguma coisa a que se possa chamar de "cultura". Destruir a arte mais radical favorece a este objetivo. Com ela, destrói-se a memória social de que seria necessário subir mais alto, esforçar-se mais, desafiar as próprias percepções, ir além do senso comum. Quando Martin Scorsese é tratado como um grande artista, pode-se ter a certeza de que alguma coisa se perdeu. Scorsese, ele mesmo, seria o primeiro a reconhecer isto. Goddard nunca foi tão necessário. E tão inútil.

A cicatriz aberta da opressão de gênero

Rua Augusta, Kreutzberg, Village, San Telmo: são guetos. Ir ao supermercado de mãos dadas vestidos com a roupa do dia a dia. Dar um selinho de até logo ou recostar a cabeça no ombro de seu amor na loja da Ofner: nada disso é contra a lei. Mas fora do gueto, pode receber punição severa. "Isso aqui é um lugar de família", disse o segurança da Ofner. "Dois homens se pegando é coisa de bicha".

Dois homens se beijando, duas mulheres enamoradas, travestis caminhando calmamente entre famílias de bem: não é possível comprar pão sem receber olhares de recriminação, comentários, piadas. O gueto e o zoológico: ninguém levaria para sua casa um animal selvagem, pois ele poderia comer as crianças. Exilados na própria cidade –, sempre o sexo como sinônimo – procuram habitar espaços em que seja necessário gastar menos de energia para viver. Sem ter de engolir uma sílaba amarga por minuto: seria preciso ter três estômagos.

O trabalho de ressignificação é um trabalho de Hércules. Uma tarefa de Sísifo. Judith Butler não percebeu o câncer por trás de cada ato de ataque e defesa, mesmo que simbólico. A ressignificação tem os seus limites, pois seu combustível é o corpo que se esvai, a carne viva da alegria. E tudo sob uma aparência moderna e descolada: tanta energia gasta para sustentar uma face minimamente amigável, um sorriso, mesmo que amarelo. A convivência tem custos físicos. O corpo, consumido por anos de jogo de cintura e tiradas geniais.

A rapidez mental e verbal é a cicatriz aberta da opressão de gênero. Também da opressão de raça.

Fazer rir desarma o agressor e todo riso é sinal de cura. Mas também deveria fazer chorar, recuar de pavor e provocar escândalo.

Esconder a dor é compactuar com o opressor. Todos têm o seu limite e para isso serve o estado de direito. Para que "tirar de letra" não se torne a conduta exigível de pessoas supostamente razoáveis. Não se deve confundir bom humor, autocontrole com paz de espírito. Por detrás de cada indivíduo alegre, racional e ponderado pode haver um infarto iminente.

Avalone, Kant e Ronaldo, o fenômeno

A solenidade que envolve a arte e a literatura é sinal de distinção de classe. Há mais obstáculos para fruir de um texto literário do que para fruir de uma Ferrari: basta pagar por ela. A mística que cerca as obras resulta da ação de elites empobrecidas que lutam para manter seu status social. Elites que entendem de livros, quadros, esculturas e vinhos, mesmo sem ter dinheiro para comprar os melhores autores e marcas.

Deste conflito intestino no topo da pirâmide social ficam excluídas as massas de poucas letras. E não bastará – a ninguém – estudar, ler, interpretar, saber. Será preciso acúmulo de estirpe, especialização de grupo, berço esplêndido, um "je ne sais quoi". Trata-se, afinal, da estrutura da propriedade privada, que deve ser individual e excluir a fruição de terceiros. O prazer do proprietário é um prazer sádico. Quanto mais pessoas instruídas houver, quanto mais pontos de vista forem sustentáveis diante de uma obra, menor será o seu gozo. A ética burguesa é a ética do filme *Highlander*: só pode haver um.

A literatura deveria ser fruída em rede, na TV aberta, ao vivo, como um campeonato de futebol. Garcia Lorca é o meu Corinthians. Dominada a lei do impedimento, o resto é gosto e opinião. Futebol moleque, retranca, 4:4:2; 4:3:3, 4:5:1 – nem tudo na vida é reflexão. A filosofia, a crítica literária e as mesas redondas de futebol debate não devem ser confundidas com o jogo em si mesmo. Avalone é o Kant do esporte bretão. Outra coisa é Ronaldo, o fenômeno.

Ren & Stimpy

Foi Walter Benjamin quem nos ensinou a ler as figuras dos livros infantis para além de seu texto. A imaginação nunca é exemplar, deixa tudo em aberto, ideias, formas, emoções, corpos. Metade cavalo, metade peixe, metade boi, metade homem, metade mulher: corpos flexíveis, compressíveis, que podem ser esticados, queimados, amassados e regenerados. Todo realismo é de direita. Todo exemplo deve ser evitado: não há lições a se tirar de uma obra de arte, apenas fraturas, suores, dúvidas.

O capitalismo congela os corpos para extrair deles o sumo negro mais adequado ao estado atual do maquinismo. O capitalismo é unidimensional: fixa, direciona, aprisiona, enrijece e destrói os músculos do corpo. Cospe para depois adestrar uma nova geração, sempre em linha reta.

Os vários nomes da mais-valia: burnout, enfarte, stress, pânico, tendinite. Cada fase do capitalismo, cada classe social possui suas doenças características. Não há pensamento revolucionário sem "A Condição Operária" de Simone Weil.

Um corpo flexível e leve é um corpo socialista. Ren & Stimpy são a má consciência burguesa que remete para além de si mesma: convulsa, mas flexível. No socialismo seremos todos dançarinos: de manhã operários, de tarde Aristóteles e de noite Oswaldinho da Cuíca.

Lágrimas programadas

Olhar uma favela, os pobres recolhendo comida no fim da feira, um rua cheia de moradores de rua: há humanos ali? Animalizados? Os olhos rasos d'água: como será que eles aguentam? Por que não se revoltam? O olhar classe média apaga qualquer singularidade, exclui trajetórias individuais e responsabilidades, nivela todos os miseráveis para evitar o diálogo. Tudo já está dito: não deve haver surpresas. Tudo é objeto e fala-se sempre por assertivas.

"Espanquemos os pobres!", ensinou Baudelaire com muita precisão. É preciso interpelar quem passa e quem sofre, é preciso ouvir mais do que falar, é preciso falar com as pessoas. Também com os "escravos", como ensinou José de Souza Martins: o furor de denunciar e salvar cria animais à revelia de si mesmos. A exclusão consagra a regra sem questionamento. A esquerda subtrai a autonomia dos miseráveis quando os transforma em classe de fora; a direita faz o mesmo com programas de responsabilidade social e ações de benemerência. Tantas lágrimas programadas! De boas intenções o inferno já está cheio. A revolução sabe conversar.

Olhar de salário mínimo

Toda mulher, todo homem tem seu preço, mesmo artistas e intelectuais. Diversas exposições brasileiras não cobram entrada, pois seus custos já foram cobertos pelos patrocinadores. O Teatro Popular União e Olho Vivo, grupo de rua comandado por César Vieira, mostra em seu livro que cobrar entrada evita que se crie uma relação populista com o público. Evita também que o doador sinta uma paz de espírito que ele não merece, porque não está arriscando nada: Pierre Bourdieu em "A Produção da Crença". Como nos ensina Marx, o mercado tem um alto poder civilizatório.

A ilusão da fruição direta é uma doença que acomete os neófitos no mundo da arte. O fato de a beleza estar ali, diante de nossos olhos, pulsando, parece tão evidente, que a obra assume uma aura fantástica, como um duende ou um elfo das matas virgens. Não existe coisa mais plena do que uma obra ao receber o olhar de um expectador em transe. Talvez um orgasmo para uns ou um ganho milionário na bolsa para outros tenha efeito semelhante. Mas a beleza não está ali: o conceito de aura de Walter Benjamim precisa receber o influxo da literatura pós-colonial. A beleza está nos olhos de quem a vê como nos ensinam tantas belas canções: "Olhos geram beleza, paisagem e ilusão", disse Leandro Lehart. Distribuir renda é, para começar, ensinar o cego a ver.

Um Papa para a arte contemporânea

A nostalgia da ordem acomete diversos escritores, críticos, políticos e filósofos. Há muitos homens e mulheres ansiosos por apontar o dedo para seus desafetos pessoais enquanto gritam: "Anátema!". "Seus versos são muito bons, mas não acho que a poesia deva ir por aí", disse-me uma brilhante crítica da nova geração. Em debate com Jürgen Habermas, o Papa Joseph Ratzinger afirmou que a religião é capaz de fornecer aos homens valores substantivos, essenciais para uma existência plena. Muitos esperam um Papa para a arte contemporânea, capaz de colocar fim à bagunça reinante.

É muito diferente "fornecer valores" e "fornecer procedimentos para um debate". "Assim como não comemos para nos apropriarmos de um material totalmente novo, desconhecido – do mesmo modo não filosofamos para achar verdades totalmente novas, desconhecidas", disse Novalis. A noção de "material" é aberta, fecunda e precisa o suficiente para indicar o alvo sem funcionar como mandamento para uma nova religião. O material é uma experiência social que se revela na obra, no caso, na crítica, sem espaço para sectarismos. É um problema histórico que precisa ser continuamente resolvido. O material é um ato.

O material não existe fora do ato de criação ou do ato crítico, ambos nascidos do mesmo ventre: o ventre de Pandora. É de arte toda obra capaz de sustentar longas conversas que não cheguem a conclusões definitivas. "Cada objeto (praticamente) deixa-se tomar como o objeto de uma ciência particular", disse Novalis. Mas não há enigmas em Lulu Santos.

Antes da palavra

O rock é a sociologia sem reflexão. Todo rock progressivo foi um equívoco histórico, cujo legado deve ser combatido. Como em *A Rosa Púrpura do Cairo*, é impossível discernir a voz do vocalista do som de minha própria voz. Não há forma de arte mais pedestre. É impossível levantar do chão depois de escutar *Right to Work* do Chelsea. Uma cisão que se impõe e se desfaz. Olho para minhas mãos por um segundo sem saber se elas existem. Horizonte que se abre sem reflexão, figura sem linguagem.

O melhor rock é obra de ignorantes ou daqueles que conseguiram se despir da civilização. Como o selvagem de Jean-Jacques Rousseau, para quem não faz sentido perguntar sobre o bem ou sobre o mal. Antes da palavra, como Iggy Pop: nenhuma canção de rock jamais fará sucesso, pois ela vive desta ruptura. Toda canção de sucesso não pode ser classificada como uma canção de rock. O sucesso é a marca de Caim, sinal da perda de contundência. Pop rock, pipoca e sorvete.

O presente da poesia

Apenas a obra de arte individual importa. Depois de *Finegans Wake* toda sujeição é voluntária. A coerção das formas perdeu sua base social mais sólida e migrou para o aparelho psíquico de cada artista. Adorno foi o primeiro a conceber uma estética feita de obras individuais que não avança em seus assuntos e trabalha com a ideia de saturação. Cada um de seus argumentos se volta contra si mesmo, cada uma de suas linhas se abre e se fecha diante do vazio. Adorno foi capaz de mimetizar o gesto da criação e esta é sua maior contribuição à crítica.

Ser artista é ser capaz de encenar este problema na forma da obra que será sempre dissonante. Ser artista é ser capaz de renegociar sem descanso a percepção do expectador a cada dia, a cada obra, a cada momento. Inventá-lo a cada momento. Pois a cada momento tudo está em jogo, tudo está em questão, tudo pode ser posto a perder. Por isso assistimos à proliferação das formas fáceis, das artes decorativas, da poesia estilizada, da erudição vazia. Nunca foi tão difícil, tão violento, tão solitário e tão desprezível ser um artista. E nunca foi tão preciso. Jean-Luc Goddard sabe disso. *Socialisme* é o modelo para toda poesia presente. O futuro da poesia não existe.

Todo literato é um morto-vivo

O lugar da poesia é a esfera pública e não a literatura. A literatura é o espaço de reflexão sobre a criação literária, que acontece em outro lugar. Sempre que a poesia se aproxima demais da crítica ou da filosofia e se conforma com os limites impostos pela esfera estética de seu tempo, ela perde força e se torna estéril.

Saber seu limite é saber sacrificar-se, nos ensinou Hegel. Não há criação literária sem a quebra de alguma lei. Todo criador está condenado a agir como um criminoso. Esta é a verdade mais profunda da intuição de Kant: a grande obra põe, ela mesma, os critérios capazes de avaliá-la. Risca novas fronteiras para separar o estético do não-estético.

Não acredito em poetas que leiam apenas poesia. Não acredito em poetas que não sejam políticos. Como Paul Valéry, cuja política é melancólica e de direita. Todo literato é um morto-vivo.

Irresponsável público

Uma boa parte dos consumidores de cultura prefere ver e ouvir obras e artistas legitimadas por alguma instância dotada de poder simbólico. Desta forma, podem eximir-se de exercitar seu senso crítico diante do "gênio" mainstream Paul MacCartney ou dos "gênios" alternativos Sonic Youth. Não gastam seu tempo com nada duvidoso, ainda que apenas levemente incômodo e fora do padrão. Os consumidores não querem arriscar nada. Preferem voltar-se diretamente às "grandes obras", aos "grandes escritores", aos "grandes artistas" para economizar tempo de trabalho e queimar a própria carne em prol do sistema capitalista, tendo o consolo de saberem que são realmente "cultos" porque conhecem tudo "o que realmente importa conhecer".

A cultura contemporânea vive a era da irresponsabilidade do público, cada vez mais passivo e subordinado, portanto, feliz e satisfeito. Não há mais underground ou mainstream, apenas diferentes instâncias de legitimação cultural que distribuem autorizações para gostar disto ou daquilo, as quais também funcionam como sinais de distinção de classe. Valem prestígio e reconhecimento nesta sociedade de massas em que as aparências são cruciais para a competição no mercado diante da falta de tempo livre para conhecer e conviver com nossos semelhantes; diante das constantes trocas de emprego e mudanças de cidade ou país, em especial entre as classes altas.

A única alternativa seria destruir a arte para que ela não se reduza a um papel ridículo? Hoje em dia, qualquer um poderia ser chamado de "artista", pouco importando a qualidade, a capacidade de incomodar, de seu trabalho. Todo crítico, todo jornalista, todo editor, todo professor pode vir a ser um elemento do processo de reprodução deste estado de minoridade cultural. "Prefiro os que me criticam, porque me corrigem, aos que me elogiam, porque me corrompem", disse Santo Agostinho.

A atualidade da poesia lírica

Não basta ser sujeito para ser indivíduo: a poesia lírica manterá sua atualidade enquanto houver quem resista às estruturas totalizantes que nos ameaçam.

Se o indivíduo não pode ser pensado fora da sociedade e livre de conceitos, como querem as ciências sociais e a filosofia contemporâneas, se ao falar o indivíduo já implica toda a cultura, toda a gramática que são a carne e o sangue do seu discurso; se a existência do indivíduo se deve a um processo de socialização e conformação psíquica que, de novo, traz de volta a sociedade e a cultura; enfim, se o indivíduo praticamente desaparece quando anda, quando pensa, quando fala e quando respira, onde afinal ele poderá estar? E quem ainda procura por este indivíduo desaparecido?

Nenhuma ditadura poderia suportar um poeta como Federico Garcia Lorca, diz Theodor W. Adorno em "Lírica e Sociedade". A poesia lírica fabrica as marcas de ruptura que se pretendem constitutivas de indivíduos implicados na experiência de ler a lírica. Eu poético e leitor, ambos envolvidos em uma mesma performance em que a experiência do texto procura explicitar a relação problemática entre indivíduo e ambiente. Pois a tarefa do eu poético na lírica é singularizar as palavras para deixar sua marca em cada um destes artefatos recolhidos da indeterminação cultural. A ambiguidade das palavras, que se resolve a cada uso, é o material da poesia e, por excelência, da poesia lírica.

A menos que ela pretenda fingir que nada está acontecendo, que vivemos em harmonia com a sociedade e com a natureza, que damos bom dia para flores na janela e saudamos o deus Sol a cada alvorecer, que somos capazes de aplacar uma fera terrível e abraçar nosso maior inimigo, como diria o rei Roberto, que não há discórdias religiosas profundas e preconceitos de toda espécie na forma do tecido social, toda lírica pretende ser dissonância. E a boa lírica o é, pois o sucesso da lírica está no choque com o inusitado de um indivíduo que, de alguma maneira, surge – e cada poema lírico é prova empírica desse como – diante de uma paisagem cinzenta e homogênea.

Pode não dar certo. Nem sempre o poema funciona. Se todas as crianças fossem realmente especiais, de onde surgiriam tantos adultos medíocres?

O sucesso da lírica está em despertar o desejo de manter-se na sua presença e promover a renúncia do desejo oceânico de unir-se ao indeterminado. Desejo que obriga a negar o indivíduo para acalmar a ebulição interna que ele causou. Para evitar as mudanças que, inevitavelmente, estão implicadas no processo: ver-se como ele, sozinho e singular, obrigado a dar sentido para a própria solidão. Obrigado a assumir a responsabilidade pela própria vida que, também neste caso, é a morte pela negativa. E dar-se conta desta marca da modernidade ocidental: um mundo demagificado, cujo sentido não é imanente, mas se precisa pôr, construir socialmente.

Aqui a atualidade da lírica. Outros exemplos.

Doentes de paixão abandonam tudo em nome da vida que sonham poder ter, em nome da simbiose supostamente capaz de fazer sumir a responsabilidade de ser indivíduo. Por isso mesmo, eles também são capazes de destruir e matar se este ato mantiver distante qualquer ameaça à perfeição da irresponsabilidade projetada: desejo de matar a lírica e destruir suas bases sociais. Também encenações de falsa subjetividade, marcas de ruptura que remetem a grupos, tribos e comunidades mais ou menos legítimas, mais ou menos desprezíveis, formadas por religiosos, maçons, bebedores de certa marca de cerveja ou de refrigerante. Donos de certa marca de carro ou de video game: todos eles buscando reacender a chama do desejo oceânico que tal distinção parece promover ao uni--los ao grupo.

Também aqui o desejo de matar a lírica: alguns conversam apenas para reforçar seus preconceitos, para encontrar a confirmação de suas razões, mesmo que esdrúxulas, irracionais, disparatadas. Pessoas assim nunca compreenderão a lírica. Outros conversam para se surpreender; para entrar em contato com pensamentos novos e novos pontos de vista; para buscar o inusitado e o singular de um indivíduo e de suas idiossincrasias. Pessoas assim, com certeza, não podem evitar amar a lírica. Pois não desejam viver em harmonia com um universo pacificado a qualquer custo e nunca encontrarão, definitivamente, um sentido para o mundo e para si mesmas.

Porque o indivíduo também muda e se refaz.

A lírica é esta conversa que não deixa ninguém em paz.

Parte 3
Fora da Lei

Prefácio

É preciso inventar as próprias citações. Com ajuda de outros nomes e muitas vezes com o nome próprio.

Direito e fogo

The Burning of the House of the Lords and Commons, 16th October (1834),
J. M. W. Turner

O direito inglês atesta a sobrevivência de uma ordem jurídica a transformações sociais profundas sem rupturas definitivas, mas com mudanças institucionais radicais. Em *O Império do Direito*, Franz Neumann mostra que é preciso submeter os conflitos sociais à forma direito para não destruir a sociedade ou criar uma ordem totalitária; e que fazê-lo não implica em abdicar da emancipação humana.

As sociedades nascem da formalização de forças saturninas, sempre anárquicas e destruidoras. Na Oréstia de Ésquilo, em troca de poupar a pólis e abrir mão do desejo de vingança, as Erínias são convidadas a habitá-la, mas sob a forma de Eumênides. Abrem mão da violência em favor da deliberação, formalizada no direito. O fogo que consome o Parlamento no quadro de Turner é a alegoria do embate entre estas duas forças antagônicas. E quem queima ali é a razão.

Mas não queima como em Heráclito, pois para ele, o logos é quem queima e o logos é a madeira, é a chama, é o pensar nos dois. A razão não. Ela queima com suas instituições, pois é preciso efetivá-la. É preciso pôr a razão aqui, ali e acolá. As coisas em si são menos que nada. Pôr a razão, tirar a razão: os homens fabricam as suas leis. Incêndio do Reichstag, Berlim, 11 de setembro de 1933: um gesto. O quadro de Turner: a alegoria de um gesto.

Queimar a razão é fabricar o disforme. Formalizar em leis é acender o direito contra a violência. Direito é forma e por isso, invocar a justiça é invocar o direito, a forma emancipatória de efetivá-la. Formalizar também é transformar o fogo destruidor no desejo de deliberar, dentro ou fora das paredes do Parlamento. Iluminar as coisas para fazer prevalecer a comunicação sobre a vontade de destruir, a razão sobre a vontade de poder.

Burocratas e contadores

Os artistas costumam odiar burocratas e contadores, pois reconhecem neles a falência do conceito de gênio. É um trabalho do ressentimento. Os clichês sobre o tema rebaixam todos aqueles que ousam repetir. Como se criar não tivesse nada a ver com isso. Como se as leis fossem externas à imaginação.

Os gênios

O verdadeiro artista ama estruturas. Na arte de hoje há gênios demais e contadores de menos.

Seguir a lei

Heráclito dizia que seguir a lei é queimar. Hoje em dia, ele diria que é ser.

Contra a lei

Os infratores contumazes amam o direito como ninguém seria capaz. Os advogados sabem disso. Por isso, alguns cobram mais caro para defender culpados, seguindo a lei da oferta e da procura.

Fora de si

A paixão é um sentimento oceânico que dissolve o indivíduo. O fora da lei vive fora de si.

O professor

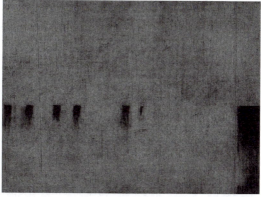

Gravura da série Ir (2007), Marco Buti

Não é preciso utilizar muitos elementos para criar uma obra. Algumas linhas e pontos: tal minimalismo é um impulso didático. A arte precisa ser reapresentada a seus materiais. Há leis sobre traçar uma linha no metal ou no espaço. Só depois de nascerem, como todos os seres humanos, as linhas riem e choram.

Alia

Em toda a sua carreira Marcel Duchamp não fez um gesto aleatório sequer.

O artista

Todo grande artista é um legislador. E um desenhista.

Alegria

A individualidade pura é sem lei. Não há como perguntar-lhe se está alegre ou se está triste. Inadvertidamente, ela pode se tornar um exemplo e, assim, saltar por cima de si mesma.

Radicais

Nietzsche sonhou com uma sociedade despida do desejo de punir os infratores. Esta é sua ideia mais radical.

Reis filósofos

A história de Simão Bacamarte em *O Alienista* de Machado de Assis ensina a amar o direito e a democracia. É preciso resistir com a mesma força a teorias psicológicas e a ortodoxias econômicas.

O outro

Quem põe a lei põe duas coisas, também quem nomeia. É inevitável. Em ambos os casos, resta criticar as bipartições. O pensamento crítico foge delas como um cachorro persegue o próprio rabo.

Utopia

Simão Bacamarte trancou-se na casa de loucos ao perceber que era o único homem sadio da cidade. No mundo real, andaria à solta, como alguns filósofos e economistas.

A morte da política

Professores ririam muito de burocratas que se metessem a falar de filosofia ou de literatura, mas costumam aplaudir com entusiasmo críticos literários e filósofos que pontificam sobre políticas de Estado. A tarefa da crítica não é rir de nenhum deles, mas compreender seu desprezo mútuo.

Algumas verdades precisam ser ditas

Extremistas menosprezam as mediações. Não é possível fazer uma omelete sem quebrar os ovos. Devagar se vai ao longe. É preciso que tudo mude para permanecer exatamente como está. Sair e depois entrar. Para sair de novo.

Dizer a lei

Alguns homens e mulheres têm mais paciência para ler, outros para fazer. Estudos indicam que isto se define na pré-adolescência. As leis não devem ficar nas mãos de nenhum dos dois.

Deliberação

Simão Bacamarte ensinou que não devemos parar de perguntar aos outros sobre nossa própria sanidade. A necessidade da democracia reside aqui.

O alienista

Nem filósofos, nem sofistas: os reis devem especializar-se em serem reis.

Diante da lei

Para Kafka, o problema das leis era o segredo. Para entrar por suas portas, bastava pedir ao guarda. A classe operária o fez e entrou. Depois disso, entendeu-se por bem trocar as portas, lubrificar as maçanetas e trocar o turno da guarda dos soldados armados até os dentes. Mas cara feia, para mim, é fome.

Defesa do lobo contra o cordeiro

O acusado de O Processo estava fascinado pela própria culpa. Por isso nunca desobedeceu às autoridades que o procuravam repetidamente e nunca tentou fugir. Cada novo episódio do processo o convencia mais e mais de sua grandeza.

O bebê tirano

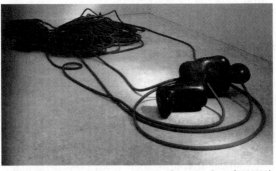

Sovereign State (1989-90),
Anthony Gormley

A prisão da lei, abstração e generalidade que subtraem a vida real? Os burocratas fazem lembrar aquilo que mamãe não diz. Se toda criança é especial de onde vêm os adultos medíocres? Uma sociedade de gênios, todos com direito à exceção.

O individual morre e renasce continuamente no coletivo. Soberano e súdito partilham da mesma face e das mesmas vísceras.

Fazer o luto do bebê tirano e então amar a lei.

Cães

Muitos almejam a liberdade completa de um líder. Nenhuma responsabilidade, apenas prerrogativas. Os cachorros são fascinantes por isso. Também os criminosos, os tiranos e os homens sem escrúpulos.

Aparentemente, ninguém mais sabe o que é ser um tirano, um criminoso e o que é ser um cão.

O líder

Há um decréscimo sensível do medo social à arbitrariedade. Aumenta a admiração por homens que fazem o que deve ser feito ou rompem com as regras sociais por completo. Será isso o "filosofar com o martelo" a que Nietzsche se referia?

Em um mundo em que tudo é instrumento, reivindicar direitos não faz sentido e a burocracia será sempre um inimigo a ser derrotado.

Visionários

Às vezes as leis impedem que se faça o que deve ser feito. Alguém poderia dizer que elas resistem ao capricho, mas não é possível dialogar com profetas. Visões falam por si.

A vida ensina

Apenas os cães amam incondicionalmente. Este fato deveria nos ensinar alguma coisa sobre o desejo de ser amado, mas não tem sido esse o caso. Melhor aprender a latir.

Comunidade

Os cães não sabem que são cães, disse um poeta. Já os humanos sabem que são humanos e por isso precisam de leis. A religião e a vida comunitária são qualidades caninas.

Escolha racional

Um animal sempre faz o que deve fazer. É difícil aceitar que esta vantagem competitiva tenha sido atribuída a uma espécie inferior. Todo determinismo se alimenta deste sentimento. Também o ódio ao direito.

Aplicação das leis

A utopia dos codificadores eram normas capazes de aplicar a si mesmas. Nem o engenho grego foi capaz de um pensamento como esse. No reino da liberdade, os cachorros sabem voar.

Parte 4

Psiquismo e Revolução: Erich Fromm

Arqueologia de uma biblioteca

Erich Fromm parece ser um daqueles autores que, como Herbert Marcuse e Jean Paul Sartre, foram populares nas décadas de 1960 e 1970 e hoje vivem na lembrança dos que viveram aqueles anos. Tornaram-se símbolo de uma época, mas parecem ser pouco influentes na cultura atual. De fato, meu primeiro contato com Fromm se deu ao fuçar uma prateleira de livros empoeirados no apartamento em que vivi durante minha infância e adolescência e não por referências ao autor nos textos lidos nesta época e durante os anos de formação universitária. Nas estantes mais altas, armazenados nas fileiras de trás, ficavam guardados os livros menos consultados da biblioteca familiar reunida por dois pais universitários sem nenhuma ligação com a comunidade de psicólogos e psicanalistas. Ali, na década de 90 do século XX, encontrei alguns livros de Erich Fromm.

Nessa biblioteca altamente selecionada, tanto em razão da falta de recursos financeiros quanto da falta de espaço, havia três livros do autor, adquiridos por meus pais em razão do interesse nos temas tratados, mas também, com toda a certeza, em função do renome de Fromm nos anos que corriam. Ao escrever estas linhas, tenho diante de mim os exemplares da época de *O Medo à Liberdade*, *Análise do Homem* e *Psicanálise da Sociedade Contemporânea*, que estão entre os mais famosos e mais traduzidos trabalhos do autor.

Escrever estas linhas sobre o pensamento de Erich Fromm, além de servir aos leitores interessados em compreender as relações entre Psicanálise e Teoria Crítica e enriquecer a imaginação daqueles que se colocam o problema do Direito e da criação de instituições, serve a um objetivo eminentemente privado: fazer a arqueologia da pequena biblioteca de minha casa. Formada justamente entre os anos 1960 e 1980 por meu pai e minha mãe, esta biblioteca, hoje misturada aos livros que venho adquirindo ao longo dos anos, está na origem dos pendores intelectuais que, anos depois, me levaram a escrever este texto.

Por todas estas razões, ao falar de Erich Fromm falo de alguém de casa e não de uma referência acadêmica ou institucional. Ao dizer tudo isso a você, leitor, e ao escrever este livro, pretendo estar sendo fiel às ideias de Fromm e da Teoria Crítica, para a qual a opressão sobre os homens se cristaliza em formas de dominação política e econômica, mas também na supressão da individualidade e da espontaneidade dos agentes sociais que também se expressa na cristalização do pensamento e no estilo e na forma da escrita. Para dar voz aos conflitos sociais é preciso fazer um trabalho subjetivo e um trabalho literário.

É para pensar uma destas questões, a relação entre indivíduo e emancipação social, entre psiquismo e revolução, que Erich Fromm dedicará seus maiores esforços, numa carreira intelectual iniciada nos anos 20 do século passado e encerrada com sua morte em 1980, aos 80 anos de idade.

Religião e luta de classes

Erich Fromm nasceu em Frankfurt, Alemanha, em 24 de março de 1900, numa família de judeus ortodoxos. Seu pai e sua mãe descendiam de famílias de rabinos. Depois de estudar dois semestres em Frankfurt, formou-se na Universidade de Heidelberg em 1919, com graus em Psicologia, Sociologia e Filosofia. Concluiu seu doutorado sob a orientação de Alfred Weber com a dissertação "Lei Judaica: Uma contribuição para a sociologia da diáspora".

O estudo do Talmud acompanhou Fromm durante toda sua vida. Nos anos 1920, foi professor da Escola Judaica Livre (Freies Jüdisches Lehrhaus) em Frankfurt e ajudou a criar a Sociedade para a Educação de Judeus Adultos, cujo primeiro diretor foi Franz Rosenzweig. Esta instituição tinha como objetivo renovar a *intelligentsia* judaica pela criação de uma relação viva entre os textos judaicos e a vida cotidiana. Entre 1920 e 1926 foram realizados 90 cursos e 180 grupos de estudos, seminários e discussões, dirigidos por 64 professores. Dos 30.000 membros da comunidade judaica de Frankfurt, 600 eram estudantes registrados. O rabino Nehemiah Nobel e Martin Buber, professor ativo da escola a partir de 1922, atraíam por volta de 200 pessoas a seus cursos.

A relação de Fromm com a psicanálise se inicia na metade dos anos 1920, por meio de Frieda Reichmann, diretora de uma pequena clínica psicanalítica em Heidelberg, onde ele fez sua formação psicanalítica. Fromm abriu seu consultório em 1927, ano em que publicou seu primeiro estudo freudiano, "O Sabbath", que inaugura uma série de textos sobre religião que culminou com "O Dogma de Cristo". Nestes textos, Fromm mobilizou seus conhecimentos de sociologia e psicanálise, iniciando sua versão do que ficou conhecido como "freudomarxismo", a tentativa de combinar as ideias de Marx e Freud, projeto que partilhava com Wilhelm Reich e Siegfried Bernfeld.

Nesta mesma época, Fromm participou da fundação do Instituto Psicanalítico de Frankfurt juntamente com Karl Landauer, Heinrich Meng e Frieda Fromm-Reichmann, agora sua esposa. Em razão das relações pessoais desse grupo com Max Horkheimer e Leo Löwental, o Instituto Psicanalítico foi acomodado nas instalações do Instituto de Pesquisas Sociais, dando início a uma experiência pioneira de colaboração entre psicanálise e universidade, que resultou, entre outras coisas, na concessão do prêmio Goethe a Sigmund Freud pela cidade de Frankfurt em 1930.

A fala de Erich Fromm na abertura oficial do Instituto Psicanalítico, em 16 de fevereiro de 1929, teve como título "A aplicação da Psicanálise na Sociologia e nos Estudos de Religião". Este texto, seminal, afirmou a necessidade de combinar psicanálise e sociologia no estudo da relação entre o desenvolvimento técnico e econômico da sociedade e a organização do ego. Fromm postula uma antropologia antimetafísica e histórica, que se preocupava em utilizar categorias freudianas para estudar a sociedade burguesa, sem pretender atribuir a elas validade universal e atemporal.

Nessa ordem de razões, Fromm afirma, citando "A Sagrada Família" de Marx e Engels, que a "História" não faz nada, mas são os homens que lutam as batalhas e constroem a riqueza social, ou seja, são eles os verdadeiros agentes, o que faz perceber uma oposição clara ao idealismo alemão na versão de jovens hegelianos como Bruno Bauer. O texto também ressoa os escritos de Paul Tillich, socialista religioso alemão que afirmava a necessidade de uma mudança social radical para que a existência humana se tornasse plena, ou seja, para que ela se realizasse completamente, obstruída sob o capitalismo, pela predominância da racionalidade econômica.

Em suma, o objetivo de Fromm foi ligar ideias e ideologias à estrutura psíquica de indivíduos historicamente situados. Interessava a ele, em primeiro lugar, mostrar como a miséria e a opressão das classes trabalhadoras produziam determinadas ideias, visões de mundo e religiões. De acordo com seus escritos, os seres humanos, inclusive adultos, tinham a propensão de se submeter a figuras paternas idealizadas. Nesse sentido, Fromm procura identificar os mecanismos pelos quais o capitalismo reproduzia as estruturas psíquicas que garantiam sua perpetuação, reduzindo os indivíduos a uma posição infantil, dominados por fantasias coletivas que garantiam a reprodução da sociedade de classes.

Psiquismo e revolução:
a situação da classe operária alemã

Este modo de pensar foi aplicado por Fromm ao estudo da situação da classe operária alemã, numa pesquisa empírica realizada com a colaboração do Instituto de Pesquisas Sociais, no qual se tornou, a partir de 1930, diretor de Psicologia Social. Seu interesse pelo tema pode ser compreendido em continuidade com seus estudos sobre religião. Nestes, Fromm concluiu que, mesmo sob a dominação capitalista, as classes oprimidas tinham a oportunidade de sair do estado infantil em que se encontravam para assumir uma postura ativa. Tal oportunidade havia sido aberta pelas ideias socialistas e marxistas em circulação que, segundo ele, poderiam funcionar como as doutrinas dos primeiros cristãos e levar as classes oprimidas a uma postura revolucionária.

É importante dizer que a existência de espaço para a ação individual no processo revolucionário é um grande problema para a teoria marxista do início do século XX. Nos principais textos de Karl Marx a revolução é apresentada como um evento catastrófico e instantâneo, nascido das contradições do sistema capitalista. A palavra "sistema" deve ser levada a sério: nesse registro teórico, o capitalismo é concebido como um mecanismo automático que reproduz a si mesmo e aos homens que vivem sob sua égide. Não fica claro em Marx, especialmente em *O Capital*, qual é o espaço para o fator subjetivo no processo revolucionário, pois, afinal de contas, as catástrofes acontecem, por definição, sem o concurso da vontade humana.

A realidade do início do século XX, marcada pela Revolução Russa, pôs esta questão no centro das preocupações da esquerda. Esta revolução contrariou as previsões de Marx ao se desenrolar em um país agrário, ou seja, um país em que o capitalismo não estava plenamente desenvolvido. De outra parte, na Alemanha de Fromm, país em que o capitalismo tinha alcançado um estágio mais avançado, a classe operária não dava sinais de acalentar qualquer aspiração revolucionária, o que levou os teóricos da Teoria Crítica a perguntar: Por que os proletários não se revoltam diante de uma situação de exploração tão evidente?

Além disso: como abarcar o fator subjetivo da revolução a partir do diagnóstico de *O Capital*? Seriam os homens meros objetos do processo revolucionário e não seus sujeitos? A primeira resposta a esta questão foi oferecida por Georg Lukács em *História e Consciência de Classe*, mas não há espaço para examiná-la aqui. Tempos depois, inspirados por Lukács, os pesquisadores do Instituto de Pesquisas Sociais construíram novas soluções para o problema, num diálogo estreito com o pensamento de Sigmund Freud. O papel de Erich Fromm neste esforço de pesquisa foi central. Seus escritos ajudaram a conferir densidade sociológica e psicológica ao fator subjetivo do processo revolucionário com o fim de relacionar aparelho psíquico, sociedade e revolução.

Retomando o fio da exposição, o problema de Erich Fromm e dos pesquisadores do Instituto de Pesquisas Sociais era a passividade do proletariado alemão da época. Não havia sinal de ação revolucionária, apesar da oportunidade aberta no campo das ideologias pelas ideias socialistas e da crescente exploração, que se desenvolvia a par do crescimento do capitalismo na Alemanha, já nesta época, uma das principais forças econômicas do mundo. Com o estudo sobre a situação da classe operária alemã, Fromm pretendia encontrar impulsos emocionais e estruturas psíquicas que apontassem na direção da transformação social, mas não foi isso que aconteceu. As conclusões do estudo foram tão sombrias que a direção do Instituto decidiu mantê-lo inédito para evitar que suas conclusões fossem apropriadas pelas forças conservadoras, que, alguns anos depois, seriam responsáveis pela implantação do regime nazista. O texto foi publicado anos depois.

Estudos sobre autoridade e família

Já transferido para os Estados Unidos, o Instituto de Pesquisas Sociais publica os resultados de uma pesquisa realizada ainda na Alemanha sobre a relação entre autoridade e família na reprodução das ideologias, um projeto coletivo que contou com a colaboração decisiva de Erich Fromm. Neste projeto foi criado o conceito de "caráter autoritário", que buscou ligar formas autoritárias de sociedade às características da organização do ego.

O termo caráter nasceu da obra de Wilhelm Reich para designar a estrutura da libido produto da adaptação da estrutura pulsional a determinadas condições sociais. Os traços de caráter são pulsões transformadas em comportamentos estandardizados, comportamentos estes que representam a satisfação de desejos ocultos. O conceito de caráter procura dar conta de relação entre libido e sociedade, sem reduzi-la à dimensão do psiquismo individual ou à suposta objetividade das leis sociais. Ele seria um terceiro termo, resultante da interação entre ego e sociedade e passível de observação sociológica.

Como dissemos acima, Fromm, autor de uma das partes do extenso relatório da pesquisa, toma este conceito dos escritos de Reich, crítico do par conceitual pulsão de vida e pulsão de morte, formulado no texto *Para além do princípio do prazer* de Sigmund Freud. Reich critica a pulsão de morte por duas razões. Primeiro, ela não teria origem na experiência clínica de Freud, como ele mesmo teria admitido expressamente. Em segundo lugar, o conceito apontaria para um estado de inatividade incompatível com a pretensão de emancipar a sociedade. A pulsão de morte induziria ao conformismo e à adaptação do indivíduo, excluindo a possibilidade da revolução. A pulsão sexual, esta sim, com seu caráter positivo e ativo, seria capaz de alimentar o processo revolucionário e apontar para a continuidade da vida e da transformação social.

Fromm acompanha Reich em sua interpretação da questão pulsional e, como ele, pensa na família como principal fator de repressão dos sujeitos, pois responsável pela transmissão dos valores sociais vigentes. Daí nasce o interesse em pesquisar a relação entre autoridade e família, que será levado adiante em um projeto de grandes proporções, cujo relatório final conta com mais de mil páginas. Para Fromm, a família teria sido negligenciada pela psicanálise em favor de explicações relacionadas a estados pré-genitais da primeira infância. Ainda segundo o autor, para estudar adequadamente os fenômenos sociais, a psicanálise precisa compreender a família e, mais do que isso, precisa compreender a faculdade adaptativa da estrutura pulsional. Tal estrutura, segundo ele, relaciona-se dinamicamente com a estrutura social: não é um dado biológico encerrado no interior do sujeito, que permaneceria inalterável desde a primeira infância.

Nas palavras de Fromm, os estudos sobre autoridade e família tinham como objetivo compreender as pulsões que levavam os seres humanos a se submeterem à autoridade (na sociedade alemã de sua época) e o que tornaria esta submissão uma fonte de prazer, independentemente do conteúdo das ordens dadas. Segundo o autor, o principal mecanismo de submissão dos indivíduos à autoridade é a introjeção da mesma operada pela família num processo que recalca as pulsões consideradas perigosas para a ordem estabelecida.

Fromm pensa a introjeção da autoridade a partir dos "Três ensaios sobre a sexualidade infantil" de Sigmund Freud, que concebe o desenvolvimento da libido com a construção conceitual das fases oral, anal e genital. Conforme este modelo teórico, o desenvolvimento normal pode ser frustrado com a fixação da libido na fase oral ou anal, ou mesmo por uma regressão às fases pré-genitais, como ocorre com os masoquistas. O complexo de Édipo é o agente repressor e conformador da libido: a renúncia da mãe como objeto de desejo, em razão da ameaça representada pelo pai, gera raiva e medo no menino; raiva e medo que são introjetados pelo sujeito e resultam na gênese do supereu. A função deste será a de reprimir o ego para evitar que os desejos proibidos venham à tona. Quanto maior for o papel do supereu, menor será o espaço para o ego: a participação ativa do sujeito na submissão à autoridade, que abre espaço para a dominação autoritária, está ligada a esta dinâmica.

Esta discussão nos permite retomar o conceito de "caráter autoritário", pensado por Fromm a partir do conceito de masoquismo. Para ele, o masoquista entrega-se completamente à autoridade superior na esperança de fazer desaparecer sua angústia e em função do sentimento de grandeza e do prazer ligado ao gesto de submeter-se a esta instância superior. O supereu introjeta a autoridade, a projeta para fora, primeiramente na figura do pai, depois em outras figuras paternas, como o Führer. Este deve seu poder à existência de uma sociedade de egos fracos.

Se Fromm considera que a existência de uma sociedade como esta favorece o autoritarismo, não pensa nela como um dado natural, ligada a uma característica essencial do psiquismo. Para ele, a existência de egos fracos é um fato histórico relacionado a determinadas condições políticas e sociais, passíveis de serem superadas.

Medo à liberdade

O objetivo maior de Fromm ao combinar psicanálise e marxismo era romper com o determinismo econômico das análises marxistas da época e mostrar o papel da estrutura psíquica dos seres humanos reais no processo de emancipação da sociedade. "Medo à liberdade" (1941) pode ser lido como uma espécie de resumo de todos os problemas tratados por Fromm até então, além de marcar o momento final de sua colaboração com o Instituto de Pesquisas Sociais.

Independentemente de sua ligação com o instituto, Fromm irá desenvolver uma carreira de professor e intelectual público de sucesso, tanto nos EUA quando no México, país em que lecionará na UNAM (Universidade Autônoma do México). Será autor de diversos bestsellers e fará diversas pesquisas empíricas no campo do que se poderia chamar hoje de psicologia social, lecionando em algumas das principais universidades americanas como Columbia, Yale, Universidade de Nova York, Michigan State e New School of Social Research.

Em "Medo à liberdade", texto que precede esta fase de sua vida, Fromm apresenta seu diagnóstico do mundo contemporâneo, marcado pelo isolamento dos indivíduos e sua redução a um estado de ansiedade e impotência diante da realidade. Para Fromm, o luteranismo e o calvinismo são fatores importantes no processo de dissolução da ordem medieval e na implementação do capitalismo, ao pregar a obediência, a humildade e a submissão à autoridade, ideias que sufocam a espontaneidade dos seres humanos. Com efeito, Lutero é visto por Fromm como o protótipo do caráter autoritário e seus ensinamentos como fator fundamental do estabelecimento do poder do capitalismo sobre a sociedade. Sua visão do capitalismo é sombria: os indivíduos estariam cada vez mais submissos ao poder do capital; e cada vez mais impotentes diante da complexidade do processo de trabalho, além de serem constantemente manipulados pelos meios de comunicação.

A partir deste diagnóstico, Fromm identifica os quatro tipos psicológicos encontrados mais comumente na sociedade da época: a) dependência masoquista de outros ou de uma (falsa) autoridade; b) exploração e degradação sádica dos outros com o fim de ampliar o sentimento de poder do sujeito; c) destrutividade; d) adaptação não refletida a normas e pressões sociais. O ultimo tipo é tido como característico do capitalismo norte-americano; já as manifestações neuróticas e agressivas prevaleceriam na Europa, antes e depois do fascismo. Estes tipos servirão para que Fromm analise a "psicologia do nazismo" e as características dos Estados Unidos no começo dos anos 1940.

O nazismo é pensado como a combinação de impulsos sádicos e masoquistas, mas não há no livro uma explicação persuasiva de sua gênese histórica e socioeconômica. No que diz respeito às patologias da sociedade capitalista norte-americana, a explicação é mais convincente: a completa comercialização da vida provoca efeitos devastadores sobre os seres humanos e sobre a sociedade. Tudo fica à venda: sentimentos genuínos são suprimidos e a percepção humana é manipulada pelos meios de comunicação, sempre para conformar-se à ordem vigente. O mundo se apresenta como fragmentado e impassível de mudança, perdendo-se completamente a visão do todo.

Diante deste quadro desolador, parece não haver saída para a humanidade. O devir social é identificado por Fromm com a desintegração do humano: no livro não há sinal ou indicação de qualquer possibilidade de mudanças positivas. A despeito disso, há nele a esperança de que mudanças aconteçam. Para Fromm, elas seriam resultado da retomada, individual e coletiva, da espontaneidade, ou seja, da ação humana autêntica e criativa.

Tais mudanças deveriam se dar a par de alterações na estrutura socioeconômica voltadas para a planificação da economia. Esta deveria ser desenhada para satisfazer os interesses de todos, em contraste com o capitalismo irracional marcado pela manipulação e pela exploração do homem pelo homem. A saída estaria, portanto, na possibilidade de instaurar estruturas deliberativas para controlar a irracionalidade da sociedade capitalista e abrir espaço para uma ação humana não instrumentalizada pelo capital.

Parte 5
Direito, figura do ódio

Jurisprudenz

Gustav Klimt retratou o funcionamento das instituições judiciárias em um painel intitulado *Jurisprudenz*.¹ A obra figura um homem que se defronta com o aparelho judicial. Completamente nu e curvado sob o peso de suas costas deformadas, ele está à mercê da Justiça, subtraído de sua condição de sujeito. Seu corpo nu está isolado dos outros corpos à sua volta por tentáculos de um polvo gigante, capaz de esmagá-lo num átimo. Curvado e submisso, não é possível ver sua face com clareza, não é possível individualizá-lo. É apenas um anônimo vencido que parece aguardar indefeso o seu castigo.

As figuras femininas em primeiro plano sequer olham para ele, muito menos fazem qualquer menção de que estariam ouvindo suas razões. O homem não está ali para falar. Também não está ali para ouvir ou para ver: seus olhos, caso estejam abertos, estarão olhando para o chão sobre o qual serpenteiam os tentáculos descomunais que o ameaçam.

O homem, curvado e nu, é mero objeto. Não há sinal de sofrimento, muito menos de inquietude ou

---

1 Painel comissionado ao artista em 1894 e completado em 1907, sob encomenda da Universidade de Viena. A obra fazia parte de uma trilogia composta pelos painéis "Filosofia" e "Medicina". O resultado final do trabalho causou tal escândalo que as pinturas nunca foram instaladas no local originalmente destinado a elas, o *hall* da Universidade. Para um relato detalhado desta polêmica veja-se NEBEHAY, Christian M. *Gustav Klimt: From Drawing to Painting*. Harry N Abrams, 1994 e SCHORSKE, Carl E. *Viena Fin-de-Siècle*. São Paulo: Companhia das Letras, 1990. *Jurisprudenz* foi destruída pelo fogo em 1945. Restaram apenas fotografias da obra.

revolta em sua face ou em sua postura, atitudes completamente inúteis para alguém que está à mercê de uma besta irracional. Suas mãos cruzadas nas costas impossibilitam qualquer gesto de proteção ou reação. Homem e polvo estão tão próximos que podem sentir o cheiro um do outro; podem acompanhar seus movimentos mutuamente sem precisar do olhar: basta que agucem o sentido do tato. A morte ronda o homem enovelado pela besta, mas a impressão é de calma e resignação: uma tensão fria envolve sua carne que quase toca a fria pele do polvo.

Porque o polvo não o esmaga? Quem controla seus impulsos? O que garante que, no instante seguinte e sem qualquer motivo, o animal não destrua seu corpo, esmigalhando seus ossos? Gostaríamos de acreditar que as três figuras femininas que cercam o pobre homem tivessem esse poder de controle. Colocadas em um plano superior, em posição dominante, talvez estivessem guiando o polvo com seu olhar ou com a força de seus pensamentos para que ele guarde e vigie aquele corpo devassado, sem lacerá-lo. Mas elas estão alheias. Sua presença física impressionante contrasta com sua ausência espiritual figurada em suas faces e em sua postura.

As três mulheres, completamente nuas, escondem seus seios e seu sexo. A nudez é o único elemento que guardam em comum com o homem prostrado a seus pés. Elas não mantêm qualquer contato entre si, não gesticulam, não confabulam, não olham para nada que se possa identificar. Ao contrário do que se poderia esperar, não estamos diante de um colegiado de juízes que refletem e preparam uma sentença. O que fazem ali? Alheio às três figuras, vencido em seu desamparo, o homem deixa-se estar completamente à mercê da besta.

Carl E. Schorske sugere que estamos diante das Erínias, apresentadas aqui numa inversão do simbolismo clássico: ao invés de representarem o domínio de Zeus pelo Direito racional e pelo poder patriarcal contra a lei da *vendetta* e da vingança matriarcal, elas figuram a permanência da violência e da crueldade no interior do Direito. Ao invés da vitória da razão e da civilização sobre o instinto e a barbárie, Klimt mostra como a lei apenas ocultou e legitimou o instinto e a violência.[2]

A interpretação de Schorske oferece uma estrutura convincente para compreender o quadro (o mito das Erínias), mas simplifica demais a obra de Klimt. Não estamos diante de uma condenação unilateral do Direito e da Justiça pela alteração do sentido do mito grego, que parece não se prestar a isso, porquanto guarda uma ambiguidade impassível a reduções unilaterais. Em *Oréstia* de Ésquilo, versão mais célebre da história das Erínias, não há a vitória da razão sobre o irracionalismo e sim a

---

2 SCHORSKE, Carl E., *op. cit.*, p. 241. Esta interpretação segue o juízo de Karl Kraus: "Nenhum símbolo pode explicar ao Homem, que no início do século XX já tinha pensamentos característicos do século XX, relações mais ricas do que o do da jurisprudência; a onipresença em todos os combates políticos, sociais e econômicos que aí paira, entre aqueles que detinham o poder e os que pretendiam lá chegar, entre o alto e o baixo, os ricos e os pobres, o homem e a mulher, o capital e o trabalho, a produção e o consumo – tudo isso já é, para nós, a jurisprudência... Mas para o Sr. Klimt, o conceito de "Jurisprudência" reduz-se às noções de crimes e penas, a Jurisprudência significa "Derwischen und Abkrageln" (em dialeto vienense: apanhar e torcer o pescoço)"; citado por FLIEDL, Gottfried. *Klimt*. Colônia: Taschen, 1998, p. 87.

presença marcada da ambiguidade razão e irrazão; convencimento e violência, situadas num mesmo ambiente social, após a conversão das Erínias em Eumênides pelo poder da palavra de Palas Atena.[3] Klimt apenas preserva esta dualidade, atualizando-a.

Antes de continuar a análise de *Jurisprudenz*, vejamos como isso se dá na peça de Ésquilo. Na passagem crucial da obra, Palas Atena consegue convencer as Erínias (invocadas por Clitemnestra para que vingasse sua morte) e Apolo a submeterem-se a um julgamento para definir o destino do matricida Orestes. O desejo das Erínias era vingar a morte de Clitemnestra, mãe de Orestes, assassinada por ele como vingança pela morte de seu pai. Argumentavam que deixar de punir um matricida seria equivalente a "soltar os freios que até hoje contiveram os homicidas", que passariam a deixar de temer o castigo, entregando-se à prática de seus crimes.

De outro lado, Apolo protege seu favorecido, argumentando que o assassinato já teria sido purificado por rituais feitos em seu louvor e, ainda, que Orestes não teria assassinado alguém de seu sangue, fato que colocaria por terra a versão do matricídio. Segundo ele, Clitemnestra teria sido apenas a depositária do filho, gerado exclusivamente pelo esperma do pai. Segundo o deus, seria possível haver um pai sem a necessidade de uma mãe.

---

3 Nossa análise segue de perto: VERNANT, Jean-Pierre; VIDAL-NAQUET, Pierre. "Tensões e ambiguidades na tragédia grega" In: *Mito e Tragédia Antiga na Grécia Antiga*. São Paulo: Duas Cidades, 1977, p. 17-34; especialmente a análise que consta da nota 3 ao texto. As citações da *Oréstia* a seguir são feitas a partir de: ÉSQUILO. *Oréstia* (trad. Mário da Gama Cury). Rio de Janeiro: Jorge Zahar, 1991.

Diante desta situação duvidosa, Palas Atena, com a anuência de todos os envolvidos, organiza um tribunal, responsável por julgar a questão, formado por seis jurados, velhos anciãos, sob a direção da Deusa. O resultado do julgamento é apertado: os jurados votam, em igual número, a favor de Apolo e das Erínias, cabendo a Palas Atena o voto de desempate, a favor de Orestes.

A sentença é recebida com revolta pelas Erínias que prometem amaldiçoar Atenas:

> As gotas, destiladas uma a uma
> por nossos corações, custarão caro
> a este povo e à sua cidade;
> uma praga mortal sairá delas,
> fatal a todos os frutos da terra
> e aos vossos filhos! Ah! Nossa vingança![4]

Diante destas palavras, Palas Atenas apela para a razão das Erínias com esta fala, crucial para nosso argumento:

> Não vos considerei vencidas, pois da urna
> saiu uma sentença ambígua, cujo efeito
> é pura e simplesmente dar força à verdade
> mas sem vos humilhar.[5]

A fúria das Erínias demorou a acalmar-se. Foi preciso que Palas Atena prometesse acolhê-las em seu reino e cobri-las de glórias e poder para que elas finalmente aceitassem abrir mão de sua vingança. A Deusa, usando de todos os meios para conseguir dissuadi-las, afirma: "Jamais me cansarei de tentar convencer-vos/ de que vos convém aceitar minhas promessas".

---

4 ÉSQUILO, *op. cit.*, p. 179.

5 *Idem, loc. cit.*

A inversão do mito grego

Simplificando brutalmente o texto, conforme o registro proposto por Schorske, a peça não condena completamente a vingança da mãe assassinada, muito pelo contrário. As Erínias, apesar de vencidas no tribunal, assumem uma posição de extremo prestígio e poder em Atenas sob os favores de Palas Atena, que promete: "Sem vossa benção, nenhum lar prosperará". Palas Atena, apesar de saber utilizar-se com extrema perícia da persuasão, não desprezava o poder do medo da violência cega das Erínias para manter o respeito às leis.

Retomando o quadro de Klimt, não estamos diante da inversão do sentido do mito como quer Schorske, mas de sua atualização em um contexto diverso. *Jurisprudenz* figura a permanência do irracional e da violência no interior das instituições do Direito liberal, mas sob outra forma. As Erínias de Klimt não destilam seu ódio ou urram de raiva diante do tribunal. Ao contrário, estão calmas e plácidas, com um homem completamente à sua mercê, observadas ao longe pela Verdade, pela Justiça e pela Lei,[1] as outras três mulheres colocadas no plano superior da cena; além dos juízes, presentes no quadro como pequenas cabeças sem corpo. As Erínias aparecem, ainda, como mulheres belas e sensuais, bem diferentes das figuras repelentes da peça de Ésquilo:

> o seu aspecto é tenebroso e repelente;
> enquanto falam não se suporta seu hálito
> e de seus olhos sai um corrimento pútrido;

---

1 Aqui também seguimos a sugestão de Schorske.

> seus trajes são inteiramente inadequados
> a quem está diante dos augustos deuses
> ou mesmo na casa de criaturas humanas.[2]

Estas Erínias desfiguradas são as enviadas das instituições judiciais modernas. O Poder Judiciário aparece no quadro como algo irracional e desumanizador em seu poder extremo, mas ao mesmo tempo, algo de belo e sensual, que seduz e submete sexualmente. A posse do homem pelo aparelho judiciário em *Jurisprudenz* é também posse sexual: ele está nu e submisso à beleza das Erínias, atraído e subjugado pela sua nudez. A nudez do réu evidencia ao mesmo tempo sua submissão física à força descomunal do polvo e ao poder insidioso do desejo sexual. Submissão não é apenas violência, mas também sedução e ninguém é seduzido à sua completa revelia. O homem está sob o domínio do Direito e de seu desejo, sob o olhar atento da Verdade, da Justiça e da Lei que controlam ao longo o desenrolar dos acontecimentos.

> Em frente à nossa vítima cantamos
> um hino dedicado às sacras Fúrias,
> vertiginoso e delirante, a ponto
> de provocar nos homens a loucura
> e de lhes imobilizar a mente,
> canto sem os acordes de uma lira
> que os horroriza e os seca de medo.[3]

Na cena de Klimt, a paralisia e a imobilidade do homem não parecem marcadas pela loucura e pelo desespero, mas por uma submissão calma e plácida. O

---

2 ÉSQUILO, *op. cit.*, p. 100.
3 *Idem, ibidem.*

homem foi seduzido e não atormentado pelas Fúrias. Olhando mais atentamente, podemos concluir que estamos diante de um homem culpado que está sendo castigado por seu crime. Perceber isso é muito importante para compreender a ambiguidade do quadro. Um detalhe significativo leva a esta conclusão: o homem traz suas mãos cruzadas atrás das costas. As Erínias de Ésquilo disseram:

> Fechemos este círculo dançante!
> Cantemos este pavoroso hino
> anunciando como nosso bando
> reparte a sorte entre todos os homens!
> Consideramo-nos as portadoras
> da justiça inflexível; se um mortal
> nos mostra suas mãos imaculadas,
> nunca o atingirá o nosso rancor
> e sua vida inteira passará
> isenta de nossos sofrimentos.
> Mas quando um cclerado igual a este
> oculta suas mãos ensanguentadas,
> chegamos para proteger os mortos
> testemunhando contra o criminoso,
> e nos apresentamos implacáveis
> para cobrar-lhe a dívida de sangue![4]

Note-se a semelhança das cenas: também em Oréstia as Erínias fazem um círculo em volta do culpado, aos pés do templo. Diante delas, Orestes, evidentemente culpado do assassinato de sua mãe,[5]

---

4   *Idem, ibidem*, p. 157-8.

5   A autoria de Orestes nunca esteve em questão, o problema era saber se o assassinato poderia ser considerado justificado ou não. Diz Orestes: "Dá-nos agora, Apolo, teu depoimento/

provavelmente apresentou-se como o homem nu de Klimt: com as mãos escondidas e curvado sob o peso de sua culpa, o inverso exato da postura física de um inocente que deveria exibir suas mãos impolutas como o símbolo de sua condição.

---

explica claramente se quando a matei/agi de acordo com os ditames da justiça./Não vou negar a prática do ato em si,/ mas desejo saber se em tua opinião/este homicídio pode ser justificado;/desfazer as minhas dúvidas e as dos juízes!" *Idem, ibidem*, p. 170

Direito racional e irracional

Não sabemos exatamente quais problemas Klimt tinha diante de si ao pintar sua obra. Esta pequena análise não tem o objetivo de ser absolutamente fiel ao contexto em que o quadro foi realizado,[1] muito menos pretende dar conta da interpretação do mito grego, invocado aqui apenas como guia para interpretar o quadro de Klimt. Por isso nos sentimos à vontade para perguntar, mesmo forçando um pouco a interpretação da obra: de onde vem a indiferença, o alheamento, ou seja, de onde vem a desumanidade que domina a cena e reduz o homem a um mero objeto? Porque os tribunais teriam esta figuração, ao mesmo tempo monstruosa e sedutora? E que Direito é este que serve a estes dois senhores?

A indiferença, o alheamento e a extrema crueldade e poder das figuras que submetem o homem nu estão combinadas com elementos de forte apelo sensual. As Erínias, belas mulheres lânguidas e nuas, excitam e seduzem, como pousadas ao lado do poder irracional do polvo gigante. As serpentes, que inclusive compõem seu penteado, são signos da morte traiçoeira que se insinua e não de uma violência feroz e aberta.

Além disso, à distância e no fundo da cena, a Verdade, a Justiça e a Lei, circundadas por diversos juízes – pequenas cabeças espalhadas pela cena – manifestam sua aprovação silenciosa diante daquilo que se desenrola a seus pés; além de servirem de sinal de uma

---

1 A breve análise da obra de Klimt por Giulio Carlo Argan em sua *Arte Moderna* parece reforçar algumas de nossas afirmações, v. ARGAN, Giulio Carlo. *Arte Moderna*. São Paulo: Companhia das Letras, 1992, p. 213.

justiça também feita de homens, apesar de sua estrutura mitológica. Uma Justiça distante da execução de suas sentenças, mediada por meios de violência, por assim dizer, pacificados. Não mais uma justiça de Erínias que urram e fedem, mas de mulheres insinuantes e frias. Justiça de Deuses em processo de deemagificação?

Todos os elementos da cena articulam-se de forma harmônica, evocando, ao mesmo tempo, racionalidade e irracionalidade, sedução e violência, frieza e sensualidade. Esta unidade contraditória envolve o réu numa atmosfera perturbadora. Marcada por elementos complexos, afasta qualquer possibilidade de interpretação maniqueísta.

Ao evidenciar tais ambiguidades do Direito, Klimt certamente causou espanto em espíritos iluministas: como seria possível pensar o Direito sem a ideia de homem posta no centro de seu conceito? Para que serviria o Direito afinal, senão para impor o cumprimento das regras de forma racional e previsível? De outro lado, a sensualidade e a harmonia presentes na obra impedem que pensemos o aparelho judicial como violência pura.

O artista perturba qualquer possibilidade de redução das interpretações aos polos violência e razão com sua figuração de um Direito desumano e irracional, harmônico e sedutor, meio humano e meio divino. O painel apresenta uma execução que, sob a presença da Verdade, da Lei e da Justiça, figura a opressão e a irracionalidade do aparelho judicial, mas os elementos de harmonia e sensualidade contrabalançam este diagnóstico, inscrevendo na cena a marca da ambiguidade do Direito moderno, além da mistura de figuras mitológicas e cabeças humanas.

Não poderia haver crítica mais aguda a visões maniqueístas do Direito liberal e de sua justiça.[2]

O Direito e a ambiguidade (ou contradição?) entre racional e irracional, violência e convencimento, norma e fato: este é um tema que pode servir como norte para nossa reflexão sobre este tema. Numa primeira aproximação, poderíamos pensar o Direito como algo cuja função é articular elementos contraditórios, presentes tanto em *Oréstia* quando em *Jurisprudenz*: a irracionalidade e a racionalidade dos procedimentos judiciais, marcados, ao mesmo tempo, pela violência e pelo convencimento.

Nesse sentido, uma norma jurídica pode ser entendida como um artefato humano destinado a mediar as relações entre o ódio irracional, que caracteriza a vontade de vingança diante da injustiça, e a necessidade social de racionalidade e paz. A norma jurídica acolhe o ódio cego e canaliza-o para instituições destinadas a

---

2 *Jurisprudenz* parece confirmar a seguinte afirmação de Giulio Carlo Argan sobre Klimt: "a arte é o produto de uma civilização agora extinta, e na nova civilização industrial não pode viver senão como sombra ou lembrança de si mesma. (...) Klimt sente profundamente o fascínio desse crepúsculo histórico; associa a ideia da arte e do belo à da decadência, da dissolução do todo, da precária sobrevivência da forma ao final do conteúdo." *Idem, ibidem*, p. 213. Ressalte-se que na peça grega a linguagem jurídica presta-se a fins diversos daqueles visados por Klimt. Conforme análise de VERNANT e VIDAL-NAQUET, as tragédias não têm como objetivo retratar o funcionamento do Direito grego, mas utilizam-se frequentemente da linguagem do direito para fim diverso, qual seja, evidenciar a ambiguidade entre o mundo irracional da religião antiga e uma ordem mais racional que emerge com a formação da pólis. A figuração desta ambiguidade é que daria à tragédia seu efeito dramático.

transformá-lo em assentimento. O Direito está colocado no centro de um processo continuado e sempre incompleto de metamorfose (ou racionalização) que visa a transformar ódio em deliberação, irracionalidade em racionalidade, força bruta em relação jurídica, sem lograr, entretanto, suprimir definitivamente nenhum dos polos que o definem. Se não é capaz de suprimi-los, pode sim transformá-los e mantê-los tencionados ao direcionar a violência aberta e o ódio irracional na direção da mediação da forma direito de acordo com o desenho institucional que define seu modo de funcionar, seu código, em cada momento histórico da civilização ocidental.

Por esta razão, podemos dizer que o Direito ocidental é uma forma destinada a lidar com as contradições humanas e traz inscrito em si os restos daquilo que faz o homem, além de um ser racional, um animal movido por suas pulsões. O Direito é o testemunho vivo de tudo que pode ser dito moral ou amoral e por isso mesmo, é uma das melhores figurações daquilo que chamamos, seja a que título for, de ser humano.

Mas, para completar nossa tarefa analítica, precisamos ser capazes de tocar o animal irracional que as estruturas racionais do diálogo e do Direito conformam e buscam – talvez em vão – domesticar. É preciso desvendar as mediações que ligam a irracionalidade e a racionalidade humana e buscar um lugar para enraizar a norma jurídica, forma destinada a conter o ódio irracional; contraparte necessária da racionalidade do direito.

Considerada como uma figura do ódio, a norma jurídica não é mera forma, instrumento técnico a seu serviço na condição de um meio neutro pelo qual ele simplesmente passa sem metamorfose. A norma conforma o ódio, portanto, é elemento de seu conceito. Ao acolher a pulsão a norma constrói o ódio que, pensado fora deste registro, fica reduzido à animalidade pura, mergulhada no indeterminado de uma noite em que todos os gatos são pardos.

O sujeito capaz de odiar e destruir é sujeito e não besta: por isso sua animalidade tem no Direito uma figuração necessária. O sujeito juridificado guarda traços de seu parentesco com as feras, mas ocupa outro lugar. Para que possamos odiar com algum sentido moral ou humano, é preciso que nos situemos dentro do reino da razão.

Ainda na chave oferecida por *Jurisprudenz* de Klimt, pensamos o Direito e o ódio irracional como duas dimensões de uma mesma realidade: para que exista Direito é preciso negar a irracionalidade do ódio, ódio que permanece no interior da sociedade juridificada, ainda que modificado por novas determinações: as Erínias tornam-se Eumênides pelas mãos de Palas Atena. Nesse sentido, confundir os dois regimes – Erínias e Eumênides – é confundir Direito e não-Direito.[3]

Esta mesma questão foi posta há tempos – ainda que em outro registro teórico – por Herbert Marcuse em *Eros e Civilização* que, apesar de não tratar do Direito em nenhum momento, identifica um problema que está no centro de nossas preocupações: como é possível criar uma sociedade em que a obediência ao poder não seja percebida pelos sujeitos apenas como repressão?

Na realidade, de fato, trata-se de atualizar a questão de Jean Jacques Rousseau: como organizar a sociedade

---

3   Atualmente, devemos esta confusão a AGAMBEN, Giorgio. *Homo Sacer – O Poder Soberano e a Vida Nua*. Belo Horizonte: Ed. UFMG, 2002 e *Lo stato di eccezione*. Bollati Boringhieri, 2003.

civil de tal forma que os homens se mantenham tão livres quanto no estado de natureza? Em nosso caso e no caso de Herbert Marcuse, Erich Fromm e Franz Neumann, olhando na direção do conceito de sujeito pressuposto por esta espécie de formulação teórica, caberia perguntar: que sujeito seria esse, capaz de perceber a heteronomia do poder como parte de si mesmo, ou seja, como elemento constitutivo do seu ser, mas sem deixar-se diluir nele, mantendo afastada a possibilidade de formação de um organismo total que suprimiria sua autonomia?

Que sujeito seria este, capaz de manter-se fora e dentro de uma totalidade sempre incompleta e em processo? Mais especificamente, que características um determinado aparelho mental deve ter para ser capaz de sustentar a existência humana no interior desta tensão, qual seja, a sociedade percebida como realização do sujeito e, ao mesmo tempo, como ameaça de supressão do sujeito, mas não apenas como um artefato destinado a subjugá-lo necessariamente?

Quanto à plausibilidade empírica, uma sociedade como esta, a exemplo da democracia para Rousseau, seria possível apenas para um grupo de anjos? Ou quem sabe devamos abandonar esta utopia angelical e aceitar a presença incômoda de uma razão que nunca se resolverá completamente como razão para refletir, como faz Franz Neumann,[4] sobre quais seriam as neuroses mais adequadas e as menos adequadas para fundar uma sempre frágil democracia?

---

4 NEUMANN, Franz. "Anxiety and Politics" In: *The Democratic and The Authoritarian State*. Glencoe: The Free Press, 1957.

Parte 6
Vovó Maria:
os ardis e as delícias do sentido

A família sob o capitalismo

A família já foi um espaço fora do mercado, capaz de confrontá-lo com critérios de reconhecimento centrados na afetividade e não da busca do lucro.[1] Durante muito tempo inclusive, e esta é a história do Brasil, a família foi um foco de resistência efetivo à modernização capitalista,[2] para o bem e para o mal.

A persistência de critérios de favor na gestão da coisa pública é evidência da transposição da racionalidade familiar para a gestão do Estado, um aspecto retrógrado desta forma de organização social. De outra parte, o avanço do mercado sobre todas as instituições, formais e informais, resultou na relativa funcionalização da família pela lógica do lucro. É dever da família garantir o sustento e a educação de seus filhos, além de fornecer meios para a sobrevivência dos pais.

Sua importância financeira está patente na própria estrutura de nosso Código Civil, que separa em títulos diferentes relações pessoais e patrimoniais. Relação de afeto e contrato com intenção de lucro, espaço de liberdade em relação ao mercado e ao estado e possível foco de violência e dominação arbitrária. A família não é assunto para principiantes.

Um dos grandes temas do feminismo brasileiro, a Lei Maria da Penha, trata justamente da violência doméstica que tem lugar entre os participantes da cena familiar. De outro lado, pode-se dizer que as

---

1 Ver HORKHEIMER, Max. "Autoridad y família en el presente". In: MUÑOZ, Jacobo (org.) *Sociedad, Razón y Libertad*. Madrid: Trotta, 2005.

2 Ver o último capítulo de HOLLANDA, Sérgio Buarque de. *Raízes do Brasil*. Rio de Janeiro: José Olympio, 1969.

diferentes versões do comunismo defendidas pela esquerda que busca inspiração em vivências comunitárias sejam uma reação à violência que a abstração do mercado provoca em grande parte dos indivíduos.

Afinal, ver-se sozinho, isolado, atomizado, responsável por seu sustento e por sua saúde, é uma carga extremamente pesada para os participantes da vida social. No entanto, a imersão em laços comunitários, na antípoda da atomização, com sua falta de privacidade e alto poder de controle sobre o comportamento e sobre a forma de pensar do indivíduo, não soa menos assustadora. A impessoalidade do mercado revela-se, deste ponto de vista, uma conquista de mais espaço para o exercício da autonomia.[3]

Numa sociedade capitalista, todos nos vendemos por dinheiro. Nossa vida, em algum grau, é determinada pela lógica do mercado, que nos trata como força de trabalho fungível e aproveita apenas uma parte de nossas características pessoais.[4] Claro, a ideologia sobre o trabalho, em vigor nos dias de hoje, afirma que ele pode ser significativo, criativo, participativo e pode se desenrolar em um ambiente de liberdade em que se

---

3   Sobre a tendência atual de responsabilização crescente dos indivíduos, ver GÜNTHER, Klaus. "Responsabilização na sociedade civil". *Revista Novos Estudos CEBRAP*. São Paulo, n. 63, jul. 2002.

4   O impacto do capitalismo sobre o processo de subjetivação dos indivíduos foi analisado de forma pioneira por Georg Lukács em *História e Consciência de Classe* (São Paulo: Martins Fontes, 2001), antecipando a publicação póstuma da obra de Karl Marx, *Manuscritos Econômico-Filosóficos* (São Paulo: Boitempo, 2004).

valoriza a iniciativa e se acolhe a dimensão pessoal e afetiva. Maio de 68 teria chegado às empresas?[5]

Sob a forma de ideologia, com toda a certeza. Mas como o procedimento crítico consiste em cobrar da ideologia as promessas que ela mesma faz, é preciso olhar a questão com mais cuidado. Uma porta de entrada interessante é a música "Vovó Maria" de Deny Alves, Reinaldinho, Wagner Almeida e Marquinhos Jaca, gravada pelo último em seu primeiro álbum, "Número 1 do Brasil". Transcrevo abaixo a letra que na gravação de Marquinhos é acompanhada por uma melodia no estilo do samba canção, interpretada em tom de louvação.

>Vovó Maria,
>tem mais um procê cuidar.
>Vovó Maria,
>tem mais procê rezar.
>(2X)
>
>Que precisa de luz, Maria!
>Maria.
>Pra não levar a cruz, Maria!
>Maria.
>Que precisa de paz, Maria!
>Maria.
>Pra não sofrer demais, Maria!
>Maria.
>
>Se houver muita dor, Maria,
>que não falte amor, Maria,

---

5 Para este debate, ver BOLTANSKI, Luc e CHIAPELLO, Eve. *O Novo Espírito do Capitalismo*. São Paulo: Martins Fontes, 2009.

que no seu caminhar
sempre encontre a fé
dentro do coração.

Que Deus seja louvado
e santificado e dê proteção!

Por favor,
jamais deixe lhe faltar amor.
Por favor,
Que receba as graças do Senhor.

A santa?

A referência evidente à Maria, mãe de Jesus, que se apresenta na letra em amálgama com a figura de uma avó que precisa cuidar das crianças, provavelmente de seus netos, sugere um cruzamento entre a louvação da figura feminina em função de seu papel nas comunidades mais pobres.[1]

A rede de apoio entre mulheres para cuidar dos filhos umas das outras, que inclui a participação ativa das avós, é imprescindível para enfrentar uma realidade de carência de creches e escolas infantis, que se combina com longas horas de trabalho e de transporte para ir e voltar do local de trabalho.

Para que este sistema funcione a contento, também é comum que os filhos continuem morando com seus pais na mesma casa ou que construam apêndices a esta, acrescentando novos cômodos à planta original.

Afinal, em uma família sem acúmulo de capital, os mais velhos normalmente são os únicos a ter um imóvel próprio, pois tiveram mais tempo de poupar para adquiri-lo. Por isso mesmo, seus filhos e netos tenderão a utilizá-lo durante anos, às vezes ao longo de toda a vida.

Este é um "fardo" do qual as avós e os avôs não conseguem se livrar. E como o papel de cuidar dos filhos ainda cabe, na maior parte das vezes, às mulheres, o fardo das avós é certamente maior.

É por este motivo que programas de habitação popular atribuem a propriedade das casas às mulheres e não aos homens. O pressuposto aqui é que as

---

1 Agradeço à Olívia Pedro Rodriguez por discutir comigo parte deste texto.

mulheres tendem a privilegiar a criação dos filhos e a ficar com eles em caso de separação de um casal. Este argumento, no entanto, é evidentemente ambíguo, pois pode ter o efeito de naturalizar o papel da mulher na condição de dona de casa.

Esta é uma política importante e que pode significar ampliação da cidadania para as mulheres, contudo muitos dos argumentos utilizados se baseiam numa concepção das mulheres tanto como um "recurso mais confiável" – não vai vender a moradia, se houver prestações vai fazer o possível para não atrasar o pagamento, entre outras coisas –, quanto como a responsável pela sobrevivência da família, já que elas ficam com os/as filhos/as quando da separação do casal. Em que pese a lógica desse argumento, não há como negar que ela é perversa, pois não é por ser cidadã que as mulheres acessam esse direito, mas sim porque os homens, dentre os seus imensos privilégios, podem ser irresponsáveis com seus/suas filhos/as e com suas obrigações já que há alguém que os suporta e os garante.[2]

É evidente que a situação seria diversa caso as políticas de moradia no Brasil fossem baseadas em imóveis alugados como é o caso da Alemanha, e não na propriedade privada da casa própria, política defendida por pensadores neoliberais.[3] O modelo do aluguel

---

2 GOUVEIA, Taciana. "Articulação de Mulheres Brasileiras – uma articulação feminista anti-racista". *Articulando Eletronicamente* n. 128, Anexo da seção CONTEXTOS, 14 de julho de 2005 (http://www.articulacaodemulheres.org.br/publique/media/mulheressujeitos%20ocultos.pdf).

3 Ver DE SOTO, Hernando. *The Mystery of Capital: Why Capitalism Triumphs in the West and Fails Everywhere Else.*

garante o acesso das classes mais pobres a imóveis de propriedade do Estado, que pode praticar uma política de preços que passa ao largo da especulação imobiliária. Além disso, neste caso, o estado é capaz de atuar como regulador do mercado, pois controla parte da demanda.[4]

Mas retomemos o fio da exposição. Como estávamos dizendo, o nascimento de uma criança em uma família pobre implica em obrigações que deverão ser suportadas por todos.

Se nas classes mais altas é possível dizer, com certa convicção, que a avó é uma espécie de "mãe com açúcar", ou seja, que ela pode gozar da convivência com seu neto sem as obrigações e os deveres de uma mãe, o mesmo não se aplica, em geral, às avós de classe baixa.

Uma avó pobre, muito provavelmente, terá o dever de abrigar os seus filhos e, além disso, cuidar de seus netos durante o horário de trabalho dos primeiros, com todos os ônus que esta tarefa exige: providenciar refeições, fiscalizar as horas de lazer e de estudo etc.

É por suportar tal fardo que esta mulher faz jus a uma compensação, mesmo que apenas simbólica, oferecida pela canção que estamos analisando. Vovó Maria é como Santa Maria, mãe de Jesus Cristo, Nosso Senhor.

O tamanho deste fardo, em especial em famílias com muitos filhos, termina por fixar a mulher na atividade de gerir e criar filhos durante muito tempo.[5] Uma mulher que tenha 6 filhos, por exemplo, ficará

Basic Books, 2000.

4 Agradeço a Bianca Tavolari pelo debate sobre este tema.

5 Devo esta observação a Natalie Ilanes Nogueira

grávida por quatro anos e meio. Se houver um intervalo de um ano entre cada gravidez, podemos contar dez anos.

Além disso, incluído o tempo para encaminhar os filhos, supondo que ele ou ela se torne independente dos pais aos 18 anos, o tempo dedicado às atividades relacionadas à maternidade pode chegar a quase 30 anos.

Se pensarmos em uma avó que repita esta atividade para ajudar suas filhas, este tempo irá se estender ainda mais, podendo chegar facilmente, neste exemplo, a 60 anos, caso a avó também tenha dado à luz a 5 ou 6 filhos. Isso sem levar em conta o papel das avós em manter a unidade das famílias, mesmo depois dos filhos criados.[6]

A elevação simbólica da mulher também pode ser lida, fica fácil perceber, como uma compensação pelo fardo da maternidade, que dura ainda mais tempo se pensarmos nas avós de classes pobres.

---

6   Agradeço a Carolina Cutrupi pelas observações sobre este ponto.

Maria, Maria?

No entanto, é preciso dizer que a canção que estamos analisando pode ser lida de um viés desligado do debate sobre a desigualdade entre as classes sociais. Pois na verdade, em nenhum momento os autores do samba fazem referência expressa à pobreza ou a desigualdade social.

Se esta leitura estiver correta, o assunto da canção não seria uma avó de classe baixa, mas sim as avós em geral. Afinal, todas elas, sem sombra de dúvida, ajudam a cuidar de seus netos em alguma medida. Por esta razão, elas merecem a homenagem dos compositores e do intérprete Marquinhos Jaca.

Com efeito, lida a partir de seu final, a canção ganha ares de súplica. O eu poético roga que se proteja um ser humano, também visto em geral, marcado pela fragilidade de sua condição. O eu poético parece estar pedindo a todos — Deus, pais e avós — que não deixem os filhos de Deus desamparados, que não deixe que falte a eles amor e atenção.

De fato, todos nascemos desamparados, frágeis fisicamente e dependentes do afeto dos pais.[1] Mas tal fragilidade ganha determinações específicas no regime capitalista e a depender da classe social em que a criança vier a nascer.

A despeito do que dissemos faz pouco, a hipótese de que o samba "Vovó Maria" trate de uma avó pobre parece ser mais convincente. Pois a intensidade da letra, seja em forma de louvação ou de súplica, soaria

---

1 Sobre este assunto, ver WINNICOTT, David. *Holding e interpretação*. São Paulo: Martins Fontes, 2010.

muito exagerada se tivermos em mente uma avó de classe alta ou de uma "avó em geral".

Pois para atingir o nível de santidade de Nossa Senhora será preciso sofrer muito, aguentar um fardo muito pesado, passar por muitas provações. E todos sabemos afinal que "dos pobres será o reino dos céus".

A intensidade da compensação simbólica oferecida pela canção deveria ser proporcional à quantidade de sofrimento e de privação pelas quais uma pessoa tenha passado ao longo de sua vida.

Mesmo que lida como uma súplica, esta interpretação não parece se sustentar. Afinal, não seria razoável suplicar para que uma avó exerça seu papel de "mãe com açúcar". Neste caso, trata-se de um prazer, de uma tarefa agradável e não de um fardo a ser suportado por alguém. Suplicar nestas condições seria irônico e não há elementos que nos permitam dizer que Vovó Maria seja marcada por esta figura de linguagem.

Não se pode dizer o mesmo de uma mulher chamada a ajudar a criar, a cuidar e manter os filhos de seus filhos. Neste caso, é necessário suplicar. Afinal, diante do tamanho do fardo a ser carregado, pode ser que esta avó simplesmente se demita da tarefa que se apresenta diante de si. Mas caso não o faça, Deus seja louvado, isso a elevará ao status de Santa. Santa Maria e seus netos desamparados e materialmente pobres.

Os ardis do sentido

Mas será mesmo de Maria que se trata? Santa Maria, mãe de Deus? Ou estaríamos diante de uma canção dedicada à Vovó Maria Conga, uma das pretas velhas mais importantes da umbanda?[1] Se a avó da letra for Maria Conga, o sentido da canção se modifica. Afinal, o samba seria uma evocação da preta velha para apresentar-lhe uma criança que acaba de nascer e rogar a ela que a proteja.

Os pretos velhos representam os anciãos da comunidade e por isso mesmo são figuras muito respeitadas. São eles que conhecem os feitiços, dão conselhos e disciplinam aqueles que desrespeitam as tradições.

Vovó Maria Conga representa as escravas negras que eram utilizadas para procriar com o fim de gerar mais mão de obra para seus donos. Esta era sua função no sistema econômico da escravidão. Como o objetivo da procriação era gerar força de trabalho, as crianças eram afastadas de suas mães muito cedo. Outras mulheres negras, em outras senzalas e fazendas, passavam a cuidar de seus filhos, dos quais elas tinham notícias apenas pelos orixás.[2]

Maria Conga, em determinada altura da vida, conseguiu deixar de ser uma reprodutora e passou a trabalhar na plantação de cana. E foi no correr de seu trabalho que descobriu o paradeiro de seu filho, que havia sido afastado dela logo ao nascer. Sua insistência

---

[1] Devo esta referência à minha amiga imaginária, Anita Silveira.

[2] Daqui em diante, sigo de perto o texto sobre Vovó Maria Conga de Maria Cristina Mendes em: http://povodearuanda.wordpress.com/2008/03/25/vovo-maria-conga/

em ir encontrá-lo em uma fazenda próxima foi severamente punida por seus donos: sua perna direita foi queimada logo acima da canela para que ela não pudesse mais correr. E seu filho foi morto ao tentar fugir para vê-la.

Impossibilitada de trabalhar, Maria Conga passou a cuidar das crianças e dos doentes. Deixou de ser alegre e falante a assumiu um ar calado e sério. Foi nesta condição que desencarnou para se tornar uma das entidades mais importantes da umbanda.

É interessante observar que o samba Vovó Maria, na verdade, não traz nenhuma marca clara que nos permita dizer, sem sombra de dúvida, de que se trata de Vovó Maria Conga. Lida a partir de outro ponto de vista, a canção permite pensar que se trata de Nossa Senhora ou mesmo de uma Maria qualquer, nem santa nem preta velha, a mesma que Milton Nascimento cantou no clássico "Maria, Maria", canção que homenageia as mulheres brasileiras, pobres e lutadoras.

A música fala apenas em "Vovó Maria" e menciona o Senhor de forma genérica, deixando em aberto qualquer referência a práticas religiosas específicas. O que nos leva a formular a seguinte hipótese: os compositores do samba não estariam reproduzindo a estratégia conhecida das religiões afro-brasileiras de ocultarem suas práticas relacionando-as a figuras do catolicismo?

Neste caso, na falta de referência expressa, teriam eles deixado a ambiguidade trabalhar nesse sentido ao não mencionar informações importantes que permitiriam identificar a figura homenageada na letra com uma entidade da umbanda?

O estado e o direito brasileiros, como se sabe, têm uma história longa de repressão às religiões praticadas pelas comunidades negras. Poucas pessoas ainda hoje se identificam como praticantes de umbanda ou candomblé quando respondem aos censos oficiais.[3]

O combate a estas práticas religiosas por parte de algumas religiões pentecostais, as quais têm crescido muito entre as classes mais pobres, tem agravado este quadro.[4] Talvez seja esta a razão pela qual os compositores tenham decidido deixar de identificar expressamente Vovó Maria Conga.

---

3   Ver PRANDI, Reginaldo. "O Brasil com axé: candomblé e umbanda no mercado religioso". *Estudos Avançados*, vol. 18, n. 52, São Paulo, Set./Dez. 2004.

4   Agradeço a Paula Veermersch por chamar minha atenção sobre este ponto. Ver SILVA, Vagner Gonçalves da. *Candomblé & Umbanda: Os Caminhos da Devoção Brasileira*. São Paulo: Selo Negro, 2005.

Luta pela imaginação

Todo texto de qualidade, quando submetido à interpretação cerrada, resiste a entregar-se completamente. O sentido de um texto, como sentido de uma vida, relaciona-se com uma rede complexa de referências e acontecimentos sobre os quais não temos nenhum controle.

A complexidade só aumenta quando nos afastamos historicamente do texto e buscamos interpretá-lo fora de seu contexto e de seu tempo, atividade inevitável em um mundo em que o tempo cronológico se impõe como estrutura determinante do sentido. A única maneira de diminuir o caráter arbitrário de uma interpretação é valer-se de todo o repertório que uma determinada cultura coloca à nossa disposição.

Mudar de posição para testar seu próprio ponto de vista, dialogar com os demais intérpretes do texto e recorrer a novos intérpretes são estratégias que permitem diminuir o abismo que nos separa do sentido de um texto.

Na verdade, se pensarmos bem, esta é a única forma de construir seu sentido sem recorrer a um argumento de autoridade. Afinal, será mesmo lícito falar do sentido do texto como se fosse uma "coisa", um "objeto" de que se pode apropriar? Não estamos diante de uma atividade interpretativa que se repetirá, com resultados diversos, no tempo e na história?

Na falta de uma autoridade que ponha fim à discussão sobre seu sentido, seja ela um sacerdote que proclame a interpretação oficial de um texto sagrado, um juiz ou tribunal que faça cessar o debate para que se tome uma decisão; ou de um autor que procure conter a proliferação de interpretações de sua obra, não estamos todos condenados a construir continuamente o sentido dos textos?

Será possível chegar a uma única interpretação correta para o samba "Vovó Maria"? Mais do que isto, este é um objetivo que vale a pena ser perseguido? Ou é mais interessante nos entregarmos às diversas possibilidades de interpretação, as quais chamam atenção para aspectos variados da realidade social?

A função da arte não seria justamente desestabilizar o senso comum e as ideologias ao criar obras que não se deixam interpretar de maneira completa? Obras inacabadas[1] cujo sentido nos escapa continuamente?

Se o papel do juiz é chegar a uma interpretação única para as normas jurídicas com o objetivo de tomar uma decisão diante de um litígio em concreto, o papel do artista não seria exatamente o contrário deste? Sua função na sociedade não seria a de produzir artefatos difíceis de interpretar com o fim de ampliar os espaços para o que é possível pensar?

Pois ao tentar dar conta de alguma coisa que escapa ao nosso aparelho conceitual, ou para traduzir uma palavra que não encontra correspondência exata em nossa língua,[2] é preciso inventar conceitos e relações entre palavras que ajudem a expandir os horizontes do que se pode imaginar.

E se lembrarmos que toda a ação implica na representação dos objetivos a serem atingidos, ou seja,

---

1 Ver BENJAMIN, Walter. "Las Afinidades Electivas de Goethe". In: *Dos Ensayos sobre Goethe*. Barcelona: Gedisa, 2000.

2 Ver BENJAMIN, Walter. "O Papel do Tradutor". In: *Magia e Técnica, Arte e Política*. São Paulo: Brasiliense, 1989.

que todo agir no mundo implica na mobilização de símbolos que determinam o comportamento efetivo dos sujeitos, a imaginação se torna um campo de luta para expandir as possibilidades de ação.

A arte pode, portanto, desestabilizar as práticas sociais em vigor e apontar para novos mundos possíveis. O direito, por sua vez, se não quiser se tornar apenas um instrumento para a conservação do que já existe, precisa abdicar do objetivo de estabilizar completamente seu sentido e abrir espaços para que a indeterminação trabalhe em favor de sua transformação.[3]

A luta contra a naturalização do sentido, portanto, é um objetivo comum ao direito e à arte, também a manutenção do poder humano de criar novas interpretações.

Um artista que se ponha a serviço do senso comum produzirá apenas entretenimento. Da mesma forma, um jurista que persiga o objetivo de descobrir o sentido definitivo de uma norma jurídica será apenas um ideólogo a serviço da conservação do que está posto.

Qualquer tentativa de apontar para a transformação da sociedade exige que o inacabamento das obras e a indeterminação das normas se tornem práticas sociais efetivas. O futuro de nossa sociedade e o sonho da emancipação humana se alimentam da incerteza sobre o sentido do mundo.

A arte é, por excelência, um mecanismo destinado a dissolver as certezas humanas e o direito um

---

3 Sobre este ponto, ver RODRIGUEZ, José Rodrigo. *Fuga do Direito: Um Estudo sobre o Direito Contemporâneo a Partir de Franz Neumann*. São Paulo: Saraiva-, 2009.

instrumento para dar força coercitiva ao resultado instável do conflito e do diálogo social.[4]

Que novos sentidos irão nascer do samba "Vovó Maria"? E que futuros novos nos esperam?

---

[4] Para este argumento, ver: HABERMAS, Jürgen. *Direito e Democracia: Entre Facticidade e Validade*. Rio de Janeiro: Tempo Brasileiro, 1997.

Este livro foi impresso na Gráfica Vida e Consciência no outono de 2015. No texto foi utilizada a fonte Minion Pro, em corpo 10, com entrelinha de 13 pontos.